Walo Thönen   Leitfaden für die Fotografie von Menschen

Leitfaden für die Fotografie von Menschen

von

Walo Thönen

Die Fotografie von Menschen

Der Leitfaden für interessierte Fotografen

Link zu den Fotos des Leitfadens:

https://www.dropbox.com/sh/0wrz9c5vai3yzd4/AAB9pvc63RD9rCIGdjoOx-1Pa?dl=0

00.Inhaltsverzeichnis

11.

1. Vorwort

Lieber Leser,
vielen Dank für dein Interesse an unserem Thema.
Im Prinzip ist die Menschenfotografie nur wenig von
anderen Fotothemen entfernt. Es geht ja immer um die
gute Abbildung einer Szenerie, einer Idee oder einer
Person. Allerdings sollte man sich im Vorfeld schon
etwas über die spezifischen Eigenheiten informieren.
Dazu dient dieser etwas umfangreichere Leitfaden.
In meinem Buch geht es um das bewusste Umsetzen
von Wahrnehmungen.
Die Fotografie als Mittel der Kommunikation.
Sie ist das Medium in dem wir Emotionen, Informationen,
Tatsachen, aber auch unsere Fantasien oder Wünsche
für die Zukunft festhalten. Bald schon sind die Bilder
Zeugen der Vergangenheit.
Das Umsetzen von Augenblicken im Leben von
Menschen ist eine verantwortungsvolle Aufgabe und
erfordert viel Empathie. Selbstverständlich kommt auch
die dafür notwendige Technik zur Sprache. Sie ist aber in
erster Linie Werkzeug und nicht Mittel zum Zweck.
Trotzdem steht sie hier gleich zu Beginn.
Der Leitfaden teilt sich in zehn Kapitel und einem Anhang
auf, die in weitere Abschnitte unterteilt sind. Die
Gliederung dient der besseren Lesbarkeit und kann vom
interessierten Fotografen auch in beliebiger Reihenfolge
gelesen werden.
Alle Unterkapitel sind in sich geschlossen.
Fotografie ist aber auch eine Interaktion von vielen
verschiedenen Komponenten und so gibt es immer
wieder Querhinweise auf zusammenhängende und
wirkende Einzelheiten oder Übersichten.

Ein Druckwerk ohne Bild?
Lieber Leser, du wirst dich fragen, weshalb hier keine
Fotos zu sehen sind. Dies habe ich ganz bewusst so
gewählt. Weil ich durch meine Worte dein Kopfkino
anregen will und auch, weil Du dadurch eher animiert
wirst, das Gelesene selbst umzusetzen und der
Kreativität freien Lauf zu lassen. Das ist mir wichtig.
Falls du trotzdem neugierig auf meine Bilder bist, kann
ich dir den Besuch meiner (unten aufgeführten) Webseite
empfehlen. Dort findest Du die nötigen Links zu meinen
anderen Fotos im Netz. Beachte auch den Link zur den
Fotos in diesem Leifaden:

https://www.dropbox.com/sh/0wrz9c5vai3yzd4/AAB9pvc63RD9rCIGdjoOx-1Pa?dl=0

Mehr Informationen hier:

Link: http://www.fotowalo.ch/EroticArtDesign/Willkommen.html

2. Autor

Walo Thönen, Schweizer Fotograf, wohnhaft mit seiner
Familie im Tessin. Aufgewachsen in Schaffhausen.
Daselbst Schule und Lehrzeit bis 1969.
Weiterbildung und Anstellungen in: Genf, Lugano,
Bellinzona, Stockholm und St.Gallen.1977-1979
Absolvierung der HFA in Olten,Diplom als
Augenoptkermeister. Wichtige Jobs in Lugano und 1 Jahr
in Heerbrugg.
Der grosse Einschnitt.
Im März 1982 erlitt ich einen Autounfall mit bleibenden
Folgen, der meine berufliche Karriere beendete.
Nach August 1983 folgte die autodidaktische Ausbildung
zum Fotokuenstler durch Besuch vieler Workshops
renommierter Fotografen

Ich bin verheiratet mit EVI, der ich für die Unterstützung
danke. Wir sind Eltern eines Sohnes, RETO.
Unseren Alltag verbringen wir im Süden der Schweiz,
im Kanton Tessin, nahe des Luganersees, im
italienischen Sprachgebiet.
Ich mag es, anderen Leuten zu begegnen und so habe
ich mich auf Menschenfotografie spezialisiert.

Mein erstes Lehrbuch, mit dem Titel:
»Einstieg in die Digitale Aktfotografie« erschien 2009 im
Data Becker Verlag. ISBN: 978-3-8158-2675-1

Was ist mir wichtig ?
Die Protagonisten vor meiner Kamera sollen sich in den
Bildern wieder erkennen und vor allem auch gefallen.
Gleichzeitig möglichst vorteilhafter als im Alltag
erscheinen. Eine freundlich-lockere Stimmung und
genügend Zeit für das Individuum vor der Linse sind
genauso wichtig. Posen sind auf Dauer austauschbar.
Deshalb ziehe ich es vor den Leuten kleine Geschichten
zu erzählen, in die sie sich hinein versetzen können.
So können am Ende Mimik, Körperhaltung und Gestik
zusammenspielen.
Harmonische Bilder mit innerer Logik, ästhetisch
präsentiert, sind die Merkmale meiner Arbeit.
Fotografien sind nicht nur Abbildungen der Portraitierten,
sondern immer auch Spiegel des Fotografen.

3. Technik

3.1. Kamera

Selten wie heute, gab es in der Geschichte der Fotografie so viele Kamerasysteme und Möglichkeiten, diese Technik auch zu nutzen. Das ist selbstverständlich sehr erfreulich, kann aber auch verwirren.
Welches System passt, ist auf mich zugeschnitten, womit arbeite ich am liebsten? Das muss wohl jeder selbst erfahren; der Leitfaden stellte eine komprimierte Darstellung von Erfahrungen in über 50 Jahren Fotografie dar.
Ich will hier nicht zu tief in diese Materie eindringen und nur die notwendigen Dinge zur Sprache bringen. Erfahrungen kannst du dir nicht anlesen. Jeder ist also gefordert, sich diese selbst anzueignen.
Bilder festzuhalten ist mit beinahe allen Smartphones gut machbar. Sie haben die kleinen, kompakten Kameras vom Markt verdrängt. Gute Bilder und festgehaltene Erinnerungen entstehen mit jedem geeigneten Werkzeug, deshalb will ich die iPhones und Konsorten hier nicht einfach pauschal verdammen oder weghauen.
Digitale Spiegelreflex, Vollformat, Aps-C, Mirrorless ? Systemkamera ? Mittelformat oder doch der lange bekannte Film mit den entsprechenden Gehäusen und den guten alten, analogen Objektiven ?
Alles egal ! Gute Fotos entstehen im Kopf und werden vom Fotografen erstellt. Die Kamera und all die andere Technik, ist nur Mittel zum Zweck, sind Werkzeuge.
Zugegeben, es ist verlockend den Marketingstrategen zu folgen. Sie wollen oder müssen ihre Marke bestens anpreisen und positionieren. Denken sich immer wieder

neue Gadgets aus, die der Liebhaber der Lichtbildnerei unbedingt haben muss, um gute Aufnahmen erstellen zu können. Das ist oft nur ein Angriff auf deinen Geldbeutel, oder soll den Status im Kreise der anderen Fotoliebhaber verbessern. Schaltet man mal sein Ego aus und denkt etwas über die Natur der Fotografie nach, verändert sich die Sehweise. Plötzlich lernt man mit dem Vorhandenen auszukommen, spart Zeit, Geld und Energie.
Mein Tipp:
Leiste dir die beste Kamera, die du bezahlen kannst. Spare dir aber Geld für die Lichttechnik und andere wichtige Zubehörteile, wie Stative, Filter, Computer, Programme und Backupmedien.
Praxistipp um besser zu werden:
Stelle die Kamera auf Modus manuell M und beschränke dich auf ein einziges Objektiv. Am besten ein 50mm - Äquivalent zum vorhandenen Format. Mache Aufnahmen mit verschiedenen Zeiten und Blenden, kontrolliere jeweils die Histogrammanzeige und betrachte dann die Ergebnisse in Ruhe am grossen Bildschirm zu Hause. Du wirst sehen, wie weit du mit diesen einfachen Mitteln kommst und erkennen, wo Du bei unterschiedlichen Lichtbedingungen deine Ausrüstung vielleicht nachbessern und den Workflow anpassen solltest. Meistens benötigst Du keine der neuesten Kameragehäuse, Ultrazooms und riesigen Aufnahmechips mit 50 Tonnen Pixel.
Diesen Megapixelwahn muss man nicht mitmachen. Besser ist es, auf die Lichtempfindlichkeit des Kamerachips zu achten. Gut in der Hand liegende Kameras, vernünftige Grösse und Gewicht des Werkzeugs, sind bei der Arbeit angenehmer, als komplizierte Automatiken und 101 Menüpunkte. Die besten Lehrer für den Autodidakten, sind die

Einstellung manuell M, das Histogramm, sowie die unmittelbare Kontrolle des aufgenommenen Bildes am, heutzutage brauchbaren, Kameramonitor.
So entwickelt man mit der Zeit ein gutes Gefühl für die Zusammenhänge von Blende, Isoeinstellungen und Zeit.

3.2 Objektive

Die Objektive sind für die Bildgestaltung und die Möglichkeiten in der Fotografie die wichtigste Komponenten. Es gibt für alle spezifischen Aufnahmesysteme und jede Aufgabe das richtig gerechnete Werkzeug. Festbrennweiten weisen gewisse Vorteile auf. Sie bieten bessere Qualität, sind leichter im Gewicht und gemessen an vergleichbaren Zooms, auch viel kompakter und mit grösserer Offenblende.
Die verstellbare Brennweite bei Zooms kompensiert man bei der Festbrennweite mit den eigenen Beinen.
Was kann ich dem Einsteiger in die Fotografie von Menschen also guten Gewissens empfehlen ?
Nimm ein (oder zwei) Zooms im Brennweitenbereich von ca. 24mm bis 120mm. Dazu als Backup für die wenigen Fälle, wo es wirklich gebraucht wird, eine sehr offene Festbrennweite von ca. 80-90mm, also z.B. ein 1.8/85mm. (Oder ein 1.8/50mm) Mit diesen maximal drei Objektiven wirst Du in beinahe allen Fällen bestens auskommen. Achte dabei auf die Grösse und Gewicht der Teile, die du den ganzen Tag mittragen wirst.
Es ist besser hier einen Kompromiss zu machen und dafür das Objektiv unterwegs sicher dabei zu haben.
Das hilft mehr als das weit geöffnete Superzoom, das zu Hause im Schrank liegen bleibt, weil es zu schwer ist,

oder nicht in die Tasche passt. Objektive unterliegen der
Gesetze der Optik. Die Linsen ihrerseits sind stets ein
Kompromiss des technisch machbaren und der
vernünftigen Tragbarkeit von Gewicht und Preis.
Mein Tipp:
Überlege dir zuerst, welche Aufnahmebereiche du
abdecken willst. Wo du hauptsächlich fotografieren wirst
und wie das fertige Bild gezeigt werden soll. Wie gross
sollen deine Fotos werden ? Reicht dir die Ausgabe in
digitaler Form, oder möchtest du lieber Poster erstellen
und an die Wand hängen ?
Von deinen Antworten hängt definitiv ab, welche
Kaufeintscheidungen du triffst. Muss es der letzte Schrei
mirrorless sein, oder reicht evtl eine APS-C Dslr für die
eigenen Bedürfnisse ? Das Vollformat und hochöffnende
Linsen sind ein » nice to have« aber entsprechend
steigen die Anforderungen an die einzusetzende Optik.
(Und an das Können und Geldbeutel des Fotografen)
Mit anderen Worten. Gewicht und Kosten explodieren.
Für 1/3 mehr Blendenöffnung können mehr als 1200€
fällig werden. Unter Umständen sollte man auch das
Geld für ein Fitnesscenterabo mit einrechnen.
Gibt dein Budget das her ? Willst du dir das antun ?
Werden die Bilder dadurch wirklich einmalig und viel
besser ? Denn auch hier gilt: raffiniertere Linsen und
Kameragehäuse muss man auch beherrschen können.
Gerade zu Beginn deiner Fotografie, werden die Bilder
wahrscheinlich sogar schlechter ausfallen, weil du die
Lernkurve noch nicht ganz gemeistert hast.

Ein letzter Tipp für den Fotografen unterwegs.
In einigen Ländern ist es mit weniger auffälligen
Ausrüstungen einfacher, auf die Leute zuzugehen und
Aufnahmen zu machen. Mit grossen Geräten verbindet

mancher auch das Label professionell, der Widerstand gegen eine Aufnahme wird wahrscheinlich grösser sein, als bei bescheideneren Ausrüstungen, die weniger ernst genommen werden.
Nach diesen ersten Kapiteln zu Gehäusen und Objektiven öffne ich jetzt meinen Kamerarucksack für euch. Mit befindet sich aktuell darin?
Es kommen zum Vorschein:
1 Nikon D7200 (APS-C-Format) Spiegelreflexkamera.
1 50mm/1.4 (immer dabei als Backup)
1 17-35mm/2.8 Zoom
1 50-150mm/2.8 Zoom
1 70mm/2.8 Makroobjektiv
Als unkomplizierte Reisekamera habe ich mir vor kurzem eine Nikon P900 mit dem Riesenzoom angeschafft.
Die genannten Brennweiten muss man mit 1.5x rechnen um Vollformatäquivalenz zu berechnen. Die Marken spielen dabei keine Rolle. Die erkennbaren Unterschiede von Original- und Fremdhersteller kann man im Normalfall vernachlässigen. Für das eingesparte Geld kaufe ich mir lieber ein gutes Stativ, Filter und auch Blitzgeräte. Womit der Bogen zu den nächsten Unterkapiteln in der Technik gespannt ist.

3.3 Sonstiges Zubehör

Wie bereits angetönt, endet eine Ausrüstung nicht beim Gehäuse und den notwendigen Linsen.
Es gibt Filter, die man durch keine Software ersetzen kann. Dazu gehören die Circularpolfilter und in geringerem Masse auch die (hoffentlich) neutralgrauen Lichtschlucker (Densityfilter). Mit diesen erreicht man bei hellem Sonnenschein längere Belichtungszeiten, trotz geöffneter Blende. Bei billigen Graufiltern muss man

leider mit Farbstichen rechnen. Da lohnt es sich, vor dem Kauf genauer hinzusehen. Die Variablen Graufilter sind sicher praktisch, aber qualitativ (Farbstich) eben ein Kompromiss. Ich verwende sie nur, wenn absolut nötig. Eigentlich spielen diese Filter für Langzeitaufnahmen für mich keine grosse Rolle, weil ein Model selten so lange bewegungslos bleiben kann. Eine Möglichkeit wäre sicher, zwei Aufnahmen (Lang- und Kurzzeitbelichtung) zu machen, aber das ist in den seltesten Fällen wirklich nötig. Vielleicht noch bei fliessendem Wasser im Bild.
In der Landschaftsfotografie weit verbreitet sind Verlaufsfilter. Entweder um Helligkeitskontraste zwischen Himmel und Erde zu verringern oder auch mit der Farbgestaltung Gefühle zu vermitteln. Manchmal kann man diese auch bei der Fotografie von Menschen nutzen, allerdings mit der bewussten Setzung des Verlaufes, um nicht den Kopf gleich mit dem Himmel unnötig zu verdunkeln.
Oft unterliegt der Kauf eines Stativs den selben Überlegungen. Die hochwertigen, wirklich stabilen Dreibeine sind sehr teuer, und, das liegt in der Natur der Sache, auch schwer. Ich habe mir einen Kompromiss erstanden und ein ziemlich gutes Stativ gekauft, das noch tragbar ist. Dreiweg- oder Kugelköpfe erweitern die Möglichkeiten und sind praktischerweise meit mit Nivellierungslibellen ausgestattet.
Grosse Gehäuse mit schweren Zooobjektiven sind grenzwertig auf dem Stativ… da bin ich mit der D7200 von Nikon und den kleineren Objektiven besser dran. Da gibt es keine Probleme mit der Stabilität.
Mein Tipp zum Zubehör:
Polfilter gehören in jede Fototasche. Wer nur einen Filter kaufen mag, nimmt den grössten Durchmesser und verwendet Reduzierringe für die anderen Objektive.

Das ist etwas fummelig, aber wenn das Budget knapp ist, besser, als ganz darauf zu verzichten.
Graufilter sind für die Menschenfotografie nicht unbedingt zwingend. Karbonstative sind teurer als die normalen Aluteile. Da man das nicht jeden Tag kauft, sollte man hier nicht sparen. So ein Stativ überlebt die meisten normalen Fotografen aber locker.
Unter sonstigem Zubehör würde ich auch einen kleinen Blitz aufzählen. Diesem sehr wichtigen Thema, widme ich aber ein ausführlicheres Unterkapitel
(Punkt 3.5. Technik für Homeshootings)
Mein Tipp:
Ein Aufsteckblitzgerät gehört auch bei Tageslicht in jede Fototasche. Es muss kein Markengerät sein. Ich nutze den Blitz aber immer entfesselt und löse ihn mittels eines Triggers aus.
Mehr darüber dann im übernächsten Unterkapitel.

3.4. Studioeinrichtungen

Hier stellt sich die Frage, was unterscheidet ein Studio eigentlich von einem normalen Wohnraum ?
Architektonisch gesehen, denke ich da an eine grössere Deckenhöhe, sowie an vergrösserte Nutzflächen.
Der Mensch vor der Kamera soll nicht am Hintergrund kleben und genügend Platz um die Leuchten vernünftig zu platzieren, muss auch vorhanden sein.
Ein Studioraum kann nie gross genug sein und die lichte Höhe sollte mindestens 3.50m betragen. Damit scheiden die meisten Wohnungen von vornherein aus. Beinahe alle Leser hier, könnten dieses Kapitel jetzt überspringen. Ich werde aber trotzdem einige allgemeingültige Fakten zu exklusiv fotografisch genutzten Räumen erwähnen.

Mein Tipp:
Sofern ein anderer, als ein Wohnraum vorgesehen ist, sollte man auf vorhandenen Wasseranschluss und Dusche/Toilette achten.
Die notwendige Studiogrösse habe ich schon genannt. Was aber gehört da hinein ? Hier stellt sich weiter die Frage, was sind meine zukünftigen Pläne. Sollen auch Aktstudien und Glamourfotos möglich sein, oder beschränke ich mich auf die reine Ablichtung von Menschen und ihrem Antlitz?
Mein Tipp:
Wenn man sich schon einen separaten Studioraum leistet, solltest du schon zu Beginn an mögliche Erweiterungen denken. Zu blöd, wenn man später bemerkt, dass ein separater Raum für MakeUp und Umkleide ganz praktisch wäre. Man kann sicher improvisieren, aber das bedeutet, dass du für jedes grössere Shooting umbauen musst.
Auf die Dauer einfach unpraktisch.
Im klassischen Fotostudio steht meist eine Lichtanlage, also Dauer- oder Blitzlicht. Dazu die notwenigen Stative, seltener auch Decken- oder Wandhalterungen um die Lieuchten in die gewünschte Position zu bringen.
Die verwendeten Stative dürfen gerne etwas stabiler sein, weil man sie im Atelier ja stehen lassen kann.
Ein Galgen ist praktisch, aber viel wichtiger sind die Lichtformer. Bevor man sich jetzt in grosse Unkosten stürzt, solltest du dir überlegen, was wirklich notwendig ist und auf was man, vorerst zumindest, auch verzichten kann. Was muss ich also tun ? Bilder von anderen Fotografen ansehen. Fotos die offenbar im Studio gemacht worden waren. Wie fallen die Schatten im Gesicht und auf dem Körper. Welche Qualität haben sie. Sind es weiche Übergänge, oder tiefschwarze, sehr harte

Kanten ? Wie waren die klassischen Vorbilder der
Malerei dargestellt ?
Diese Gedankengänge mögen vorerst etwas komisch
anmuten, helfen aber eine Menge Geld zu sparen, weil
du gezielter investieren kannst.
Mein Tipp:
Halte dich ans Licht eines klassischen Nordfensters.
Stelle dir vor, wie das gestaltet ist. Es ist gross und es
kommt möglichst viel Tageslicht herein. Da es gegen
Norden gerichtet ist, lässt es immer! grossflächig am
Himmel reflektiertes Licht in den Raum fluten.
Jetzt wirst du verstehen, weshalb die angebotenen
Lichtformer meist sehr grosse Flächen aufweisen.
Ziel ist es nicht, vor der »Kundschaft« grossartig
dazustehen, sondern ein zwar gerichtetes, aber auch
weiches Licht zu erzeugen. Folgt man den üblichen
Ratschlägen unter Kollegen, kann man richtig viel Geld
versenken. Die Versuchungen sind riesengross und die
bekannten Firmen bemühen sich ständig, neue
Lichtformer zu erfinden und die potentiellen Käufer damit
zu locken. Ich gebe zu, dass ich diesem Trend auch
aufgesessen bin.
Die für mich bezahlbaren Lichtformer waren stets auch
Kompromisse in der Grösse und Stabilität. Bis ich auf
eine Lösung stiess, die verblüffend einfach und
ausserdem sehr flexibel und kostensparend war.
Ich schaffte mir einen kleinen Zusatz für eins der Stative
an. Jetzt konnte ich eine Querstange daran befestigen
und an diese hängte ich meinen Diffusorstoff.
Mit anderen Worten, jeder Mikrofon-galgen, oder
ähnliche Vorrichtungen, ist dafür geeignet. Es gibt
ausziehbare Gestänge, die bis zu 1,5m oder mehr
verlängert werden können. Auch wenn die Last des
Stoffes nicht sehr gross ist, sollte man dann aber auch an

ein Gegengewicht denken, sonst fällt der DIY-Lichtformer bestimmt auf die Nase. Stellt man jetzt einen oder zwei Blitze im richtigen Abstand hinter die Vorrichtung erzeugt man ein sehr grosses Fensterlicht. Ideal für weiche Schattenverläufe und, gemessen an den möglichen Grössen, auch spottbillig zu erwerben.
Aber was hänge ich als Diffusor auf ? Es gibt eine teure Variante, die sich angenehm anfühlt und garantiert gutes Licht ergibt. Der Stoff nennt sich Segelnylon, streut das Licht und ist farbneutral (weiss). Kostenpunkt um die zwanzig bis dreissig € pro Quadratmeter. Alternativ funktioniert auch ein neutralfarbiger Duschvorhang.
Da er sehr leicht ist, ideal auch für unterwegs. Dazu aber mehr später in diesem Buch.
Die kostengünstigste Lösung ist auf alle Fälle die sogenannte Trittschallfolie, die man im Baumarkt findet. Etwas schwerer als die genannten Stoffe und auch nicht ganz so angenehm anzufassen. Ich habe mit vor über zwanzig Jahren für damals 50 Fr. eine Rolle von 15x1m Länge gekauft. Ich verwende den Stoff teilweise noch heute, obwohl ich inzwischen kein Studio mehr besitze.
Die Hauptsache in jedem Fotoraum, ist aber das Licht.
Auch hier kann man richtig viel Geld ausgeben.
Die Auswahl von bekannten Firmen ist inzwischen merklich kleiner geworden. Seit die Chinesen den Markt mit günstigen Angeboten fluten, sind einige europäische Anbieter pleite gegangen.
Ehret einheimisches Schaffen. Sehr edel gedacht.
Aber, sieht man einem gemachten Bild an, von welchem Blitzlicht das Objekt oder der Mensch im Foto getroffen wurde? Nein, sieht man nicht.
Trotzdem sind teure Lösungen dann die richtige Wahl, wenn man seinen Lebensunterhalt mit der Fotografie bestreitet und der Fotograf keine Ausfälle der Technik

riskieren kann oder will.
Für den Hobbyisten sind günstigere Lösungen sicher die geeignetere Wahl.
Für Einsteiger gibt es Lichtsetkits für unter 1000€.
Diese beinhalten meist schon drei Blitzleuchten mit Fernauslöser, dazu die nötigen Stative und ein Hintergrundsystem. Die Angebote variieren stark und es lohnt sich hier, einige Vergleiche anzustellen.
Zugegeben, das Ganze ist meist eher fummelig und hält auch nicht jahrzehntelang stand.
Man kann auch einfach ein Dreierset an Kompaktblitzen kaufen und dazu etwas bessere Stative auswählen. Wer etwas länger plant, schaut sich zum Beispiel bei einem Anbieter wie Manfrotto um. Diese Dreibeine sind sehr vielseitig, stabil und gut erweiterbar, zum Beispiel mit einem, schon erwähnten, Galgen.

Was ziert sonst noch ein Fotostudio ? Hintergründe !
Auch hier kann man entweder Karton- über Textilhintergründe wählen. Kartonrollen gibt es in jeder erdenklichen Farbe und meist in 1,5 oder 3 m Breite. Bei Ganzkörperaufnahmen ist die grössere Breite Pflicht.
Kartons sind in der Anschaffung günstig, man sollte sie aber pfleglich behandeln, Knicke und Verschmutzungen geschehen schnell. Man kann sie sicher digital entfernen, aber das ist eventuell auch zeitintensiv. In meinen Augen ist das aber nicht der grösste Nachteil, den diese Lösungen aufweisen. Sowohl Karton- als auch Textilhintergründe sind auf Dauer langweilig. Zwar gibt es handgemalte Stoffe, trotzdem bleibt ein Studio im Vergleich zum gelebten Raum einer Wohnung eher steril und die Fotos natürlich auch austauschbar.

Mein Tipp:
Wenn schon Hintergründe, dann plädiere ich für Stoffe.
Man kann sie zusammennähen und ewig erweitern,
selbst bemalen. (Bitte nie in Innenräumen sprayen!
Man findet sonst die Farbe überall im Studio wieder.
Auch auf nicht abgedeckten Leuchten oder offen
herumliegenden Kameras und Objektiven)
Die Spannweite an Möglichkeiten ist riesengross. Die
einzusetzenden Investitionen reichen von minimal, bis
ausserordentlich viel. Grenzen setzt nur das eigene
Budget. Ein Profi, mit zahlender Kundschaft, wird
wahrscheinlich zu den lichtsicheren Lösungen greifen,
die keine Farbstiche produzieren. Für alle anderen kann
das gelten: Vermeide Lösungen, wo Foto drauf steht.
Stoffe gibt es in unendlichen Variationen, Meterware oder
Vorhänge, mehr oder weniger blickdicht oder bunt.
Mein Tipp:
Hintergründe sollten im Hintergrund bleiben. Was heisst
das ? Schaffe keine Signalfarben an, die sind im Foto am
Ende einfach zu dominant und erschlagen optisch das
Hauptmotiv. Sofern genug Platz vorhanden ist, sollte man
den Hinter- und Vordergrund auch in einer leichten
Unschärfe verschwinden lassen. Dann muss man
weniger Falten retuschieren und Farbübergänge
gestalten sich fliessender.
Ist der Platz eingeschränkt, greife ich zum mittelgrauen
Stoff, den ich mit einem Blitzlicht mit Gitter und Farbgels,
unterschiedlich gestalten würde.
Wir haben jetzt also schon mal das Licht und die
Hintergründe ausgewählt. Als nächstes schaffe ich mir
Sitzgelegenheiten an. Vom einfachen Stuhl, bis zum
einladenden Sofa, oder gar einer Liegefläche, setzen mir
nur Budget und vorhandener Platz, Grenzen. Immer mit
dabei: eine optisch abtrennbare Schminkecke mit

beleuchtetem MakeUp-spiegel.
Richtet man ein Studio neu ein, muss man auch an
Anschlüsse für Strom und Wasser, sowie an die Toilette
denken. Ein ebenerdiger Raum ist vorzuziehen, weil du
sonst alles die Treppen hinaufschleppen musst.
Personenaufzüge sind wünschbar, aber nicht überall
gross genug, oder überhaupt vorhanden.
An was der Einsteiger meist nicht denkt. Heimwerkzeug,
Bockleiter und genügend Stauraum sind immer hilfreich.
Staubsauger und Putzutensilien nicht vergessen.
Staub ist im Fotoatelier ein übler Feind !
Eine nett gestaltete Bilderwand mit nicht zu expliziten
Fotoinhalten zeigt dem Besucher, zu was der Fotograf
fähig ist. Gedruckte Bilder machen immer mehr Eindruck,
als eine digitale Galerie auf dem iPad.
Die Haptik von liebevoll gestalteten Druckwerken in
Bildermappen oder Büchern ist nicht zu unterschätzen
und steigern die Wertigkeit der eigenen Arbeit. Ein
wichtiger Aspekt beim Umgang mit möglichen
Interessenten oder Kunden.

3.5. Technik für Homeshootings

Bis vor wenigen Jahren unterschieden sich die
Beleuchtungselemente eines Studios ziemlich von den
mobilen Blitzen. Studioblitze hingen mit dem Kabel am
Stromnetz. Nur wer ziemlich tief in die Tasche greifen
konnte, leistete sich mobile Akkublitze und zugehörige,
schwere Generatoren.
Sofern man nicht grössere Gruppen fotografieren muss,
reichen auch etwas weniger potente Blitze.
Normalerweise will man ja keinen riesigen Raum
ausleuchten. So waren Studioblitze in ihrem Einsatz
etwas eingeschränkt. Draussen stand normalerweise

keine Steckdose zur Verfügung. Einen Generator herumzuschleppen, ist auch nicht immer möglich, oder jedermanns Sache.

Heute hat sich daran Grundlegendes geändert. Es gibt eine Unzahl von Anbietern mobiler Blitzgeräte.

Hier schälen sich zwei Richtungen heraus. Zum einen die Marken mit traditionell bekannten und grossen Namen. Alternativ dazu chinesische Anbieter mit weniger Prestige, die vor allem preislich sehr interessant sind.

Blitze werden in Wattzahl angegeben. Die Aufsteckblitze reichen mit einer üblichen Wattzahl von ca. 60W, für kleinere Innenräume aus.

Maximal drei dieser flexiblen Blitze benötigt man, um ansprechendes Licht in einem Raum zu gestalten.

Tipp:

Wer während eines länger dauernden Shootings von den kleinen AA-Batterien unabhängig sein will, sollte sich nach den potenteren Akkus umsehen. Hier bietet vor allem der Hersteller Godox, mit seinen Ving 860 II Modellen und grösser, gute Alternativen.

Diese sogenannten Cobrablitze sind allerdings ziemlich schnell ausgereizt. Besser ist es, sich nach den stärkeren Modellen umzusehen. Diese sind vor allem mit üppigeren Wattzahlen jenseits von 100W ausgestattet.

Selbstverständlich sind auch hier einige traditionelle Anbieter am Markt.

Profoto bietet interessante Möglichkeiten, für den, der sich das leisten kann oder will.

Alternativ kann man sich wieder bei Godox umsehen. Einen kleinen, aber sehr potenten Blitz gibt es in Form des AD200, dessen Wattzahl drei der allgemein üblichen Aufsteckblitzen entspricht.

In Innenräumen, wie Wohnungen, ist man damit bestens ausgestattet. Meist kann man mit reduzierter Leistung

arbeiten. Das ergibt eine grosse, mögliche Biltzzahl und schnelles Nachladen für rasche Bildfolgen.
Benötigt man mehr Power kann man 2 AD 200 zu einem 400W Blitz kombinieren. Überhaupt gibt es beinahe unendliche Zusätze für diese Blitze. Ein grosser Vorteil der Godoxgeräte ist, dass man sie bestens kombinieren kann. Alle sind mit einem internen Empfänger ausgerüstet. So benötigt man nur einen Trigger (Auslöser) auf der Kamera, um sie kombiniert zu zünden oder auch einzeln zu regeln. Einmal positioniert, kann man sie vom Kamerastandpunkt aus einstellen, was sehr praktisch ist. Das bieten auch andere Hersteller, allerdings meist zum dreifachen Preis beim Trigger, von den Blitzleuchten und deren Preisen abgesehen. Für den Preisunterschied kann man sich locker ein oder zwei Reservegeräte leisten, falls mal was passieren sollte.
Zu den Godox AD200 gibt es Zusätze, die mit kleinen Leds ausgerüstet sind. Damit kann man in dunklen Räumen schon etwas mehr erkennen und der Autofokus packt auch besser zu. Als Dauerlicht kann man sie kaum verwenden, auch als Führungslicht sind sie wegen ihrer Form nicht ideal. Immerhin geben sie schon mal einen Vorgeschmack von der herrschenden Lichtsituation am sonst relativ dunklen Shootingplatz.
Mein Tipp: Es lohnt sich unbedingt, die verschiedensten Accessoires zum AD 200 anzusehen. Lichtformer, Farbfolien, Gitter, Tuben und Klappen sind alle aus einem Guss und lassen sich magnetisch vor den Blitz anbringen, sehr praktisch im Fotoalltag
On Location heisst auch Shooting draussen. Manchmal auch bei hellstem Sonnenschein. Dann sind die AD 200 einzeln allerdings zu schwach, um gegen die Sonne zu bestehen. Wie gesagt, kann man zwei Geräte zu einem Blitz vom 400W kombinieren.

Weiter gestatten alle Blitze mittels der Highspeedsynchronisation schnellere Blitzzeiten. Das ist bei offenen Blenden und gewünschter Unterbelichtung des Hintergrundes, auch unbedingt notwendig.
Mein Tipp:
Sind viele Outdoorshootings geplant oder gewünscht, sollte man sich bei den 400 oder 600W Modellen umsehen. Die sind zwar teurer und auch das Gewicht sollte man beachten. Heisst, ein schwereres Stativ ist nötig. Das ist insbesondere bei Reisen mit dem Flugzeug und den Gepäcktarifen ein Hindernis.
Noch ein Tipp:
Wer nicht unbedingt auf Automatismen angewiesen ist, sollte sich die TTL-Version des 600W-Gerätes sparen. Das gesparte Geld steckt man besser in zusätzliche Blitze oder Accessoires. Über die Marke Godox und die Produkte kann sich jeder in den sozialen Medien (FB und YT) informieren.
Was ist also an Licht bei mir vorhanden ?
Während Jahren waren es Nikongeräte und Trigger, beispielsweise das CLS-System. Nach einem kurzen Ausflug ins Yongnuo-Lager, wechselte ich zu Godox. Die proprietären Akkus bei den Ving 860 II-Blitzen überzeugten mich sofort.
Auch das Auslösersystem ist sehr praktisch. Ich besitze noch zwei dieser Cobras.
Heute arbeite ich vermehrt mit 2 AD 200 und/oder dem AD 360, den ich schon länger für die Shootings einsetze, wo mehr Power benötigt wird.
Kombiniere ich die AD200 und den AD 360 verfüge ich für fast alle Situationen über genügend Licht. Meist setze ich eh nur einen oder zwei Blitze zusätzlich zum vorhandenen Licht ein. Das ist überschaubar und wirkt in Fotos dann auch nicht totgeblitzt.

Blitze ohne Lichtformer einzusetzen macht wenig Sinn. Deshalb gehören diese mit dazu. Man kann sich mit DIY-Lösungen behelfen oder auch sehr viel Geld für Lichtboxen, Reflektoren, Gitter etc. ausgeben.
Mein Tipp:
Ich arbeite meist mit Blitzneigern, die einen Schirm mit aufnehmen können. Alle Lichtformer kommen mit einer Halterung daher: Passt mal ein Teil nicht ans andere, kann man sich mit Adaptern behelfen. Eventuell schon vorhandene Lichtformer können so weiter verwendet werden, auch wenn man den Hersteller wechselt.
Die Bowenshalterungen sind sehr weit verbreitet.
An meiner Deep-octabox in Schirmform ist der Bowensanschluss fest angebaut. Kein Problem, das Licht, die Box und den Neiger zusammenzustecken.
Noch eine Betrachtung: meine Überlegungen sind die, eines Liebhabers der Fotografie, ohne professionellen Hintergrund. Wer seinen Lebensunterhalt mit der Fotografie bestreiten will, sollte längerfristig planen.
Dann macht das teurere Equipment der traditionellen Hersteller durchaus Sinn. Zumal ein Profi seine Investitionen steuerlich geltend machen kann.

4. Das Licht

Licht unterscheidet sich durch vier Merkmale:

Helligkeit

Unser Auge wird durch Helligkeitstufen und Farben gelenkt. Helles Licht wird immer zuerst wahrgenommen, es erscheint näher und grösser als dunklere Bildteile. Mit hell-dunkel Kontrasten werden unterschiedliche Entfernungen angedeutet. Hell tritt im Bild nach vorne. Bildwichtige Teile sollten gut ausgeleuchtet sein. Weniger Wichtiges darf in den Schatten etwas nach hinten verschoben werden und verschwinden. Das schafft unter anderem auch Tiefe im Bild. Ein wichtiges, von den erfahrenen Fotografen gerne angewendetes Gestaltungsmittel. Abwechselnde Lichter und Schatten schaffen Spannung und Rhythmus im Foto und reizen den Betrachter unbewusst. Die Chance, dass das Bild als interessant eingestuft wird, ist so viel grösser.

Richtung

Wir erkennen Gegen-, Seiten- und Auflicht, hoch und tieferstehende Lichtquellen. Selbstverständlich auch alle Mischformen und Nuancen von Distanzen und Richtungen. Von der Sonne sind wir über dem Horizont stehende Lichtquellen gewöhnt. Dies erscheint uns natürlich. Spannend sind Gegenlichtaufnahmen, die dann nur so von vorne aufgehellt werden müssen, dass das zusätzliche Licht nicht als eigene oder zweite Leuchte wahrgenommen wird.

Tipp:
Zusätzlich zum Hauplicht eingesetzte Aufheller, also
Reflektoren oder künstliche Lichter, sollten immer so
nahe wie möglich an der Kameraachse platziert werden.
So erscheinen sie im Bild nicht als eigene Lichtquelle,
ausser dass eventuell ein Reflex davon in der Pupille des
Models zu sehen sein wird. Was durchaus die
Lebendigkeit eines Porträts fördert und deshalb gerne
gesehen und erwünscht ist.

Qualität

Wir unterscheiden hartes und weiches Licht. Die
Charakteristik wird von der Grösse der Lichtquelle im
Verhältnis zum Objekt bestimmt. Diese
Eigenschaften sind vor allem als Kontrast und an mehr
oder weniger harten Schattenlinien zu erkennen.
Bei Porträts (Frauen) und Aktfotos kommt es meist zum
Einsatz von sehr grossen Lichtquellen, weil weiches Licht
auf dem Körper angenehmer wirkt und bei Porträts die
Schattenpartien nicht in tiefem Schwarz verschwinden
und es bei der Nachbearbeitung weniger Probleme gibt.
Je grösser der Lichtformer, umso weiter, sofern
erwünscht und nötig, kann man den Abstand zum Objekt
halten. So ergeben sich mehr Möglichkeiten, das
künstliche Licht und eventuelle notwändige Stative aus
dem Bildausschnitt fern zu halten.
Ist der Schatten im Testbild ungünstig hart, sollte man
entweder die Grösse des Lichtformers ändern,
(vergrössern) oder, sofern möglich, die Distanz der
Leuchte zum Objekt verringern. Zusätzlich kann man
Diffusoren zwischen Objekt und Lichtquelle anbringen.

Tipp:
Da ich immer in Rawformat fotografiere, produziere ich eher geringere Bildkontraste bei der Aufnahme und passe diese in der sowieso nötigen Nachbearbeitung durch eine leichte S-Kurve in der Gradationskurve an.

Farbe

Diese ist am schwierigsten für uns, das effektiv zu erkennen. Weil unser Gehirn immer automatisch und unbewusst für Farbausgleich sorgt.
Wichtig zu wissen, wenn das Blitzlicht an die örtlichen Lichtverhältnisse angepasst werden muss
Ein Beispiel: Mischlicht von Blitz und künstlicher Lichtquelle. Blitz mit Kerzenlicht (Warm-kalt-Kontrast, der mit Konversionsgels ausgeglichen werden sollte (orange oder Blaufilter). Man spart sich einige Arbeit bei der Nachbearbeitung am Computer. Achtung auch auf schwer korrigierbare Reflexe von Tageslicht in Innenräumen. Mit der Farbgebung steuern wir die Gefühle. Meist wird warm (rotgelber Farbton) als angenehm empfunden. Auch hier spielt die Prägung durch gelebte Erfahrungen eine Rolle, Wir sind es seit jeher gewöhnt, dass künstliche Lichtquellen wärmer, als das Tageslicht erscheinen.

4.1.Lichtquellen

4.1.1 Natürliches oder vorhandenes Licht
Die Sonne ist unsere einzige, natürliche Lichtquelle. Wir kennen sie als direkte Bestrahlung und stets von oben kommend. Abends und morgens auch als vom Himmel reflektiertes Licht, wenn sie unter dem Horizont steht. Je nach Tageszeit, ändert die Erde ihre Position zur Sonne,

was sich auf die Farbigkeit und den Schattenwur
auswirkt. Ein weiteres Merkmal entsteht dann, wenn
zwischen dem Himmelskörper und der Erde mehr oder
weniger dichte Bewölkung vorhanden ist. Wir reden dann
von diffusem oder gestreutem Licht.
Die Farbtemperatur des Sonnenlichts ändert sich je nach
Tageszeit und Sonnenstand. Mittags, hoch über dem
Horizont stehend erscheint das Licht kälter, als am Abend
oder morgens. Der Grund ist die unterschiedliche
Brechung und dadurch, die mehr oder weniger starke,
Absorption der Blauanteile durch die Erdatmosphäre.
Diese Tatsache kennt jeder, der schon mal einen
Sonnenauf- oder -untergang erlebt hat. Der Horizont
funkelt von knallgelb über orange bis dunkel blau.
Die Auswirkung auf die Fotografie ist erheblich und muss
vom Fotografen bewusst gesteuert werden. Damit kann
er dem Betrachter Gefühle im Bild vermitteln und
Wirkungen im Foto verstärken oder abschwächen.
Früher wählte man zu diesem Zweck zwischen Tages-
und Kunstlichtfilmen. Heute beeinflusst man dies direkt in
der Kamera, der Weissabgleich sorgt für entweder
natürlich wirkende, oder künstlich eingefärbte
Ergebnisse. Er ist ein weiteres Darstellungsmittel in der
Hand des Fotografen und sollte immer manuell gesteuert
werden. Automatismen sind durchaus hilfreich, aber
bewusstes Beeinflussen der bildlichen Eindrücke
gehören zur Ausdrucksweise und zum Stil der Fotografie
und gehört in jedes Repertoire eines Lichtbildners.

4.1.2 Künstliches Licht

Seit Urzeiten versucht der Mensch die Tageslichtzeiten
durch künstliche Lichtquellen zu ergänzen oder zu
ersetzen. Eine lange Entwicklung führte von offenem
Feuer zu den aktuellen Ledleuchten oder Sparlampen,

wie sie heute praktisch überall eingesetzt werden.
In der Fotografie unterscheiden wir vor allem zwischen
Dauer- und Blitzlicht. Das Erstere kann durchaus auch
beim Fotoshooting eingesetzt werden.
Es ist aber entweder extrem teuer und/oder unhantlich
und wenig praktisch zu transportieren. Ausnahmen bilden
die neuerlich am Markt erschienen, teils auch flexiblen,
Led-Flächenleuchten. Sie sind noch sehr teuer. Aktuell
sinken die Preise. Ich denke, dass in ein paar Jahren
Dauerlicht ein Alternative zu den Blitzköpfen werden wird.
Ein weiterer Nachteil der Leds,ist die viel schwächere
Lichtausbeute, was durch längere Belichtungszeiten,
höhere Isowerte und offene Blenden ausgeglichen
werden kann. Verwacklungsgefahr, gesteigertes
Bildrauschen und schwerere, weil grosse Oeffnungen
der Objektive, sind die unmittelbaren Folgen dieser etwas
unangenehmen Tatsachen.
Erheblich günstiger erscheinen da Blitzlichter. Sie sind
deshalb auch das Thema in diesem Leitfaden. Allfällige
Nachteile, wie die starre Farbtemperatur oder die geringe
Grösse, kann man durch farbige Konversionsgels und
richtig angebrachte Lichtformer (Diffusoren) ausgleichen.
Oft reicht eine weisse Wand oder die Decke, um die sehr
kleinen Dimensionen des Blitzkopfes zu vergrössern.
Heute sind die tragbaren Geräte so stark und mit
ausdauernden Akkus bestückt, dass man kaum mehr auf
sogenannte Studioblitze zurückgreifen muss.
Das gilt vor allem im Hobbybereich. Profis denken
vermutlich anders, greifen aktuell trotzdem auch gerne
auf Modelle mit eingebautem Akku zurück. So kann man
sein Licht überallhin mitnehmen und ggf. Auch outdoor
damit fotografieren.
(Nachzulesen in diesem Leitfaden unter Punkt
3.5.Technik für Homeshootings)

Tipp:
Es gibt für jedes Budget Angebote. Dem finalen Produkt
sieht man aber selten an, von welchem Blitz es
ausgeleuchtet wurde. Wichtig sind meines Erachtens
Mobilität, Farbstabilität und flexible Einsatzmöglichkeiten.
Es lohnt sich, etwas mehr in Power zu investieren und
dadurch bei 1/2 oder geringerer Stärke blitzen zu
können. Man vermeidet so Überhitzung der Geräte,
erhält eine grössere Anzahl Blitzauslösungen, ist flexibler
bei der Wahl der Lichtformer, die ja auch Licht schlucken.
Eine Akkuladung reicht so locker für die Dauer eines
Shootings, meist sogar länger. Allenfalls nimmt man
einen zweiten Akku mit und benötigt so für ein
Wochenende kein Ladegerät mit auf die Reise
zu nehmen.
Mein Rat: Vermeide wenn möglich die Anschaffung von
Systemblitzen die mit den kleinen Stabbatterien im
Format AA betreiben werden. Akkus halten länger durch.
So braucht man nicht mit dem Batteriewechsel mitten
im Shooting rumzufummeln. Achte auf die Kompatibilität
aller Geräte mit den Blitzauslösern (Triggern). Für
normale Innenräume reichen ca. 200W von 2-3
Blitzgeräten. Bei intensivem Sonnenlicht, zum Beispiel
mittags, spielt die Musik ab 400W Power.

4.1.3 Mischlicht

Beim Einsatz von Tageslicht und zusätzliche künstlichen
Lichtquellen sprechen wir von Mischlicht. An und für sich
eine unkomplizierte Sache. Dennoch gibt es einige sehr
wichtige Punkte zu beachten.
Draussen eingesetzt, sollte das zusätzliche Gerät (Blitz)
unbedingt über die erweiterte Funktion HSS verfügen.
Was ist das ? Kurz erklärt: Blitze verfügen über extrem
kurze Abbrennzeiten und müssen unbedingt mit der

Verschlusszeit der Kamera synchronisiert werden. Die modernen Geräte gestatten meist eine sogenannte Synchrozeit von 1/200 oder 1/250 Sekunden. In dieser Zeitspanne muss der Blitz ausgelöst werden können. Wünscht man nun bei hellem Sonnenschein mit offener Blende zu arbeiten, reicht selbst die 1/250 Synchrozeit nicht aus. Man möchte gerne mit 1/500 bis theoretisch möglichen 1/8000 Sekunden blitzen. Das kann man mit der erwähnten Funktion HSS (High Speed-Synchronisation) erreichen. Anstatt einen einzigen starken Blitz abzufeuern, wird dieser in sehr viele Blitze aufgeteilt. Dies gewährleistet dann, dass der Blitz trotz kurzer Synchrozeit im richtigen Moment zündet. Nachteil der Methode, es sind stärkere Geräte als normale Systemblitze notwendig. Ab 200W und kurzen Distanzen zum Objekt ist man auf der sicheren Seite.
Die Blitzstärke kann meist nur begrenzt und bis zu 1/8 Power geregelt werden. Das menschliche Auge nimmt diese Aufteilung in einzelne Lichtblitze nicht war.
Tipp:
Bei intensivem Gebrauch der HSS-Funktion sollte man auf die Hitzeentwicklung des Blitzes achten. Deshalb sind Geräte ab minimal 400W im Vorteil. Man kann sie mit geringerer Stärke betreiben.
Tipp:
Weniger Hitzeentwicklung und schnellere Blitzfolgezeiten oder grössere Abstände zum Objekt werden so möglich. (Bei Aufnahmen mit dem Weitwinkel praktisch).
Je nach Tageszeit ändert sich auch die Lichtcharakteristik. Dies muss unter Umständen mit Gels vor dem Blitz ausgeglichen werden. Damit kann man morgens und abends dann Gesicht- und Körperfarben so angleichen, dass man danach bei der Bildbearbeitung weniger mit den Reflexen und unterschiedlichen

Farbtönen im Bild zu kämpfen hat.
Tipp:
Farbgels gibt es in beinahe unbeschränkter Anzahl im Internet zu finden. Konversionsfilter gibt es in unterschiedlicher Stärke und Grösse.
In Amazon.com den Begriff Konversionsfilter eingeben reicht meist aus, um das Richtige zu finden.
Mischlicht gibt es auch in Innenräumen. Man denke nur an die Kombination von Raum- und Blitzlicht. Die schon bekannten orangenen Konversionsfilter helfen auch hier.
Bei Tageslicht durch das Fenster passt das Blitzlicht, weil es ja Tageslichtcharakter aufweist. Etwas problematischer wird es, wenn zusätzliches Kunstlicht im Raum die Bildgestaltung beeinflussen soll. Dann muss der Weissabgleich in der Kamera womöglich auf Kunstlicht eingestellt werden und der Blitz mit dem blauen Konversionsfilter angepasst werden.
Tipp:
Ich vermeide wenn möglich die letztere Kombination, weil es für mich einfacher ist, Tages- und Blitzlicht an das Kunstlicht anzupassen. Falls es zu kompliziert wird, gehe ich so vor: Ich konzentriere mich bei den Aufnahmen auf die Stimmung durch das Tageslicht. Sofern im Bild dann Leuchten scheinen sollen, erledige ich das mit lokaler Anpassung von Farbe und Helligkeit bei der Nachbearbeitung.
Alternativ wähle ich den Kamerastandort so, dass kein Fenster im Bildausschnitt zu sehen ist. Mit etwas Überlegung vor dem Shooting, verringere ich den Aufwand bei der Nachbearbeitung erheblich.

4.2. Lichtführung in der Menschenfotografie

Unterschiedliche Themen in der Fotografie verlangen jeweils angepasste Umsetzungen. Bei der Abbildung von Menschen lege ich mehr Wert auf Authentizität und Stimmung, als zum Beispiel auf totale Schärfe, von vorne nach hinten. Ich trenne den Vordergrund, wo ich meistens meine Protagonisten platziere, gerne mit Helligkeitsabstufungen vom Hintergrund. Das Hauptobjekt soll angenehm hell und weich ausgeleuchtet sein. Der Hintergrund darf gerne in Unschärfe und Dunkelheit zurücktreten. Diese bewussten Kontraste schaffen auch Spannung und Tiefe im Bild.
Solche Überlegungen fliessen bei einem Shooting immer mit ein. Zu Beginn analysiere ich die Umgebung, das vorhandene Licht, die Stimmung und beobachte das Verhalten der Menschen und deren Reaktionen auf meine Gesprächsführung. Fotoshootings passieren selten zufällig, sie werden geplant. Wenn nötig suche ich mir auch Informationen über die Locations im Internet. Erkundige mich nach dem Sonnenstand oder nach Lichtsituation am Aufnahmestandort.
Falls ich die gewünschten Auskünfte besorgen kann, wird nur die entsprechende Ausrüstung mitgenommen. Wenn ich an einen mir unbekannten Ort reisen muss, wird das Gepäck umfangreicher, weil ich dann für mehrere, unterschiedliche, Situationen gewappnet sein will.
Tipp:
Vorort lasse ich mir immer einige Minuten Zeit, um die Atmosphäre des Ortes aufzunehmen. Gleichzeitig untersuche ich die Location auf mögliche Platzierungen für die Menschen vor der Kamera. Wo kann ich zusätzliches Licht setzen. Wie gestalten sich die Kontraste, gibt es Lichteinfall durch Fenster oder offene

Türen? Sind Gegenstände im Bildfeld, die das Licht zu stark reflektieren und deshalb anders platziert werden müssen? Wo ist der Kamerastandort ?
Ziel ist es immer, die mir wichtigen Bildteile hervortreten zu lassen und vielleicht vorhandene Unzulänglichkeiten im Schatten verschwinden zu lassen. Techniken, die schon die Maler vor vielen Jahren anwendeten.
Der Einsatz von künstlichem Licht, also meinen Blitzen, ist in Innenräumen oft notwendig. Dabei versuche ich aber stets nur Akzente zu setzen und die vorherrschende Raumstimmung nicht zu zerstören. Dafür reichen meist ein oder zwei Blitze völlig aus. Ich bevorzuge Seitenlicht mit einer Aufhellung aus der Kameraachse. Das ergibt plastische Abbildungen und schafft Spannung in den Fotos. Das Hauptlicht wird seitlich so platziert, dass es etwas oberhalb der Augen des Abzubildenden steht. Das Aufhellicht wird diffus gestreut und möglichst unauffällig gehalten. Es soll die zu dunklen Schatten aufhellen, mehr nicht.
Der Vorteil in Innenräumen besteht darin, dass ich mehr oder weniger unabhängig von der Tageszeit arbeiten kann. Licht kann ich immer wie erforderlich setzen. Vergleichbar mit einem Regisseur. Aussage und Bedeutung kann ich direkt beeinflussen. Nachteilig kann sich dagegen die Enge in einem Raum auswirken. Hier muss man halt auch mal improvisieren oder Kompromisse machen.
Tipp:
Die Lichtführung bestimmt nicht nur wie die Abgebildeten im Foto wirken, sondern man kann damit auch bewusst Vorteile betonen oder etwa Hautunreinheiten oder ungünstige Proportionen kaschieren.
Seitliches Licht wird bei Charakterstudien eingesetzt. Beautybilder verlangen nach einem weichen Licht nahe

der Kameraachse. Das glättet Unebenheiten, Schatten werden sozusagen mit Licht aufgefüllt.

Je nach Aufgabenstellung oder Endzweck, wird der erfahrene Fotograf eine angepasste Lichtführung bevorzugen. Für mich selbst, arbeite ich am liebsten mit seitlich einfallendem Licht, das von oben kommt. Will ich einen Charakterkopf betonen, arbeite ich nach dem Shooting in der Nachbearbeitung vermehrt mit Dodge and Burn. Das ist nicht sehr zeitintensiv. Lässt dem Model beim Shooting aber grösstmögliche Freiheiten bei seinen Bewegungen und garantiert mir stets auch beinflussbare Ergebnisse.

Shootings sind immer Frucht eines gesamten Konzepts. Was nützt mir eventuell das beste Licht, wenn ich die Menschen vor der Kamera in ein enges Korsett stecke, wo sie kaum Bewegungsfreiheit haben, weil sie stets aus dem Licht »fallen«. Dieses Unbehaglichsein spiegelt sich direkt im Gesicht des Porträtierten. Die Leute ermüden schneller und alle haben auch weniger Freude und Spass am Shooting beim Fotografen.

5. Der Mensch vor der Kamera

5.1 Eigene Wahrnehmung
Jedes Individuum entwickelt schon in früher Jugend das eigene Bewusstsein. Entdeckt das individuelle Ich und unterscheidet das Du und Ich. Das Ganze wird von sehr vielen äusseren Faktoren beeinflusst. Man denke nur an das soziale Umfeld, die Erziehung und die gelebten Erfahrungen. Das Selbstbild ist mit entscheidend für die Einstellung mit der jemand zum Fotografen geht. Vor allem in jüngeren Jahren strebt man zu sehr nach dem Abbild, was die sozialen Medien von mehr oder weniger

prominenten Menschen zeigen.
Oft höre ich von meinen Bekannten folgenden Spruch:
ich bin einfach nicht fotogen. Das kennt mehr oder
weniger jeder, der sich mal mit Fotografie beschäftigt hat.
Woher kommt das, habe ich mich gefragt. Bei jüngeren
Frauen spielt sicher die viel zu geschönte Bilderwelt in
den Medien, siehe auch oben, mehr als eine unrühmliche
Rolle »Fotografie stellt die Wirklichkeit dar« steckt eben
tief im allgemeinen Bewusstsein drin. Dabei ist das purer
Unsinn, aber diesen Irrglauben aus den Köpfen heraus
zu bringen ist eine Aufgabe, die meine Kräfte bei weitem
übersteigt.
Ich beschränke mich daher, die Menschen darauf
hinzuweisen, dass man sich meist unter ungünstigen
Lichtverhältnissen, morgens im Spiegel betrachtet.
Womöglich schlaftrunken und erst halbwach. Das ist
beim Fotografen anders und es spricht viel zu Gunsten
der Modelle.

5.2. Wahrnehmung durch Fremde
Die Reaktionen anderer auf unser Aussehen beeindruckt
uns genauso, wie die anderen Tatsachen in diesem
fünften Kapitel. Selbstverständlich stehen auch der
soziale Status oder die Bekanntheit einer Person ausser
Frage. Die Reaktionen in Mimik und Gestik oder verbale
Äusserungen spiegeln sich in der Wahrnehmung Dritter
wieder. Sogar die eigene Laune und Befindlichkeit dieses
anderen Menschen, auch dessen Charakter, spielen eine
grosse Rolle. Manche sind eben direkter und filtern ihre
Aussage weniger, als die geborenen Diplomaten.
Weshalb schreibe ich das alles in diesem Leitfaden für
Fotografen? Ich will auf einen gewissen Punkt hinaus
und auch einen Ratschlag hier loslassen.

Tipp:
Befreie dich von der Meinung anderer. Lebe dein Leben,
natürlich ohne rücksichtslos zu fuhrwerken. Ein gewisses
Mass an sozialer Verträglichkeit ist schon wichtig.
Trotzdem sollte man sich und sein Aussehen nicht so
verbiegen oder verändern, dass man morgens nicht mehr
in den Spiegel schauen mag.
Trage die Klamotten so wie du sie passend findest, wie
es deinem Styling oder deinem Empfinden entspricht.
Werde lockerer und nehme die Reaktionen eben so hin,
wie sie daherkommen. Komplimente sind schön,
trotzdem sollte man nicht abheben, aber auch bei Kritik
nicht gleich in den Boden versinken wollen.
Das alles vereinfacht einem das Leben und gleichzeitig
ist diese Lockerheit auchangenehmer für die alle
Mitmenschen, denen wir begegnen. Mit dieser
Einstellung ist es auch auch einfacher, sich auf ein
Shooting einzulassen. Dein Abbild wird dir automatisch
besser gefallen und trotz allen äusseren Einflüssen, wie
Gestaltung und Lichtführung, Nervosität und innerer
Spannung, wirst du dich darin auch wieder erkennen.

5.3. Unbewusste Wahrnehmung
Was meistens völlig untergeht, ist die Tatsache, dass
jeder Mensch seine Veranlagungen von den vorherigen
Generationen erhalten hat und sie an seine Nachfahren
weitergibt. So betrachtet, verstehen wir, weshalb wir so
viele Eindrücke unbewusst wahrnehmen.
Wenn wir uns überlegen müssten, wie wir auf
Signalfarben zu reagieren haben, wäre die Gattung
Mensch längst Geschichte. Das hier zu lesen mag
komisch anmuten; was hat das mit dem Foto von der
Oma zu tun ? Oder mit dem Urlaubsbild vom Strand auf
der kanarischen Insel ?

Mehr als wir vermuten könnten. Unsere Umgebung und Kultur prägen uns.

Als Beispiel kann ich hier die Leserichtung anführen, die sich in den verschiedenen Sprachen und Kulturen unterscheidet. Der westlich geprägte Bildbetrachter liest ein Fotos anders, als ein Orientale. Ein von links nach rechts fahrendes Auto, wird als schneller bewegt wahrgenommen, als wenn es im Bild von rechts nach links »fährt«. In beiden Fällen rührt es sich nicht im Bild, aber wir erkennen, ohne lange zu überlegen, verschiedene Tempi.

Die Erfahrungen und Erinnerungen sind immer präsent, auch wenn wir gerade nicht an sie denken. Das ist mit ein Grund, weshalb wir auf gewisse Fotos positiv reagieren und andere genau so schnell ablehnen.

Das ist umso stärker der Fall, je weiter die Abbildung von unserem eigenen Umfeld entfernt ist. Das Foto eines umgefallenen Baumes in Neuseeland berührt uns viel weniger, als wenn ein ähnliches Bild in unseren Lokalnachrichten erscheint. Wir womöglich tagtäglich unter genau diesem Baum durchgegangen sind.

Mein Tipp:

Du kannst dir die Arbeit als Fotograf wesentlich erleichtern, wenn du dich, nebst allen technischen Aspekten und Möglichkeiten, vor allem um die allgemein gültigen Regeln der Wahrnehmung kümmerst.

Es gibt dazu jede Menge Literatur. Dazu gehört unter anderem auch das Wissen um die Körpersprache, Mimik und Gestik. Das zu lernen macht Spass und bringt dich nachhaltig weiter.

Ich weiss, sehr weite Gebiete, ziemlich weit von dem entfernt, was du in so einem Leitfaden erwartet hättest. Es lohnt sich aber unbedingt. Beobachte mal deine Umgebung mit bewusstem Blick. Wie verhalten sich

die Menschen auf der Strasse, wie bewegen sie sich.
Welche Gestik sagt dir was ? Lerne Mimik zu deuten.
Manchmal liest man heute, dass vom Fotografen, nicht
nur von ihm, Empathie erwartet wird. Das ist einfach nur
ein anderer Ausdruck für das Verständnis um die
Wahrnehmung. Wenn wir diese begriffen haben,
verstehen wir unser Gegenüber leichter, können wir
besser und richtig reagieren. Samy Molcho schrieb dazu
sehr interessante Bücher. Ein Empfehlung.
Das ganze Wissen können wir gleichzeitig in die
Bildgestaltung einfliessen lassen. Nicht umsonst wird
auch von der Psychologie des Bildes gesprochen.
Mit der Zeit geschieht das automatisch, der eigene
Bildstil entwickelt sich entlang dieser Linien der
Wahrnehmung. Die Aufteilung der Formen, Linien,
Farben und Gewichtung der Bildteile werden vom
Bildbetrachter unbewusst gesehen. Im Gegensatz dazu
sollte der Fotograf diese Mittel bewusst in seine Arbeit
einfliessen lassen. Das ist eigentlich nur zu Beginn etwas
mühsamer. Mit der Erfahrung benutzt man diese
Werkzeuge intuitiv, was alles sehr vereinfacht und die
Freude beim Fotografieren wesentlich erhöht.

5.4. Der Mensch beim Fotografen
Kurzer Wechsel vor die Kamera.
Nun hast du dich endlich zu einem Fotoshooting
durchgerungen. Hast lange überlegt, Freunde und
Bekannte nach ihrer Meinung gefragt.
Aber wie einen Fotografen finden ? Vielleicht gibt es ja
ein Talent im engeren Umfeld ? Oder es sind dir Arbeiten
eines Lichtbildners im Instagram oder Internet
aufgefallen. Dessen Bildstil gefällt dir. Solche Fotos
möchtest du auch von dir haben. Leider gibt es im
Internetzeitalter auch ein paar weniger günstige Aspekte.

Oft wohnt der ausgesuchte Fotograf nicht gleich um die Ecke. Oder die Honorarvorstellungen liegen ausserhalb deiner Möglichkeiten. Die Suche geht also weiter. Endlich klappt es dann doch und man knüpft einen ersten Kontakt. Die Wünsche sind relativ rasch geklärt. Es sollen Porträts werden. Stellt sich unter anderem die Preisfrage und was macht der Fotograf dann mit den entstandenen Fotografien. Versenkt er sie im Archiv oder finde ich mein Abbild ein paar Tage später in seinem Schaufenster wieder ?
Wie die Fotos genutzt werden, wieviele Bilder bearbeitet werden und wie lange das Fotoshooting dauern kann, hat einen direkten Einfluss auf die Preisgestaltung.
Am besten man einigt man sich im Vorfeld des Shooting und klärt diese Einzelheiten so genau wie möglich.
Das gilt insbesondere auch für Fotosession mit einem Freund oder Bekannten.
Mein Tipp: Mach dir eine kleine Liste mit deinen Ideen und Wünschen, nimm sie zur Kontaktaufnahme mit.
Falls dir der Fotograf anbietet, deine Bilder billiger oder gar umsonst zu machen, überlege es dir gut. Schliesse auf jeden Fall ein sogenanntes Modelrelease ab.
In diesem Vertrag wird geregelt, wo die Bilder gezeigt werden dürfen und eventuell auch, wo nicht. Das ist für beide Seiten wichtig und verbindlich.
Bis zu dem Zeitpunkt, wo durch gewisse Umstände (neuer Lebenspartner zum Beispiel) der Inhalt dieses Schriftstücks neu überlegt werden muss.
Da der Fotograf auf sein Honorar ganz oder teilweise verzichtet hat, ist man dann auf seinen Goodwill angewiesen. Einmal über die sogenannten TFP-Angebote zu schlafen, ist nicht verkehrt. (TFP steht für time for print, heute auch ersetzt durch time for digitale Dateien) Es ist ein Geben und Nehmen; und wichtig,

ohne finanzielle Aspekte beider Parteien. Ich habe die Empfindungen und Gedanken der Menschen vor der Kamera kurz beleuchtet.
Das soll dir als Fotografen helfen, dies zu verstehen und deshalb besser reagieren zu können.
Nochmals mein Tipp:
Lerne die Wahrnehmung anderer zu verstehen. Nur sie ist der Schlüssel für gute Fotografie von Menschen.
Egal ob Porträt, Klamotten, Dessous oder Akt abgelichtet werden soll.

6. Das Fotoshooting

Kapitel sechs ist ganz dem Fotoshooting gewidmet. Dem Hauptpunkt dieses Leitfadens. Hier gilt es, neben inhaltlichen Aspekten, unbedingt auch organisatorische Dinge zu beachten.

6.1. Shooting für offizielle Zwecke
Jeder kennt die Porträts für alle Arten von offiziellen Dokumenten. Dafür gibt es sogenannte Passbildautomaten. Dieses Thema werde ich deshalb hier nicht näher betrachten. Der Aufwand bei einem Shooting ist einfach zu gross. Zusätzlich sind ja auch bestimmte Vorgaben einzuhalten, die nichts mit den Bildern zu tun haben, die man bei einem persönlichen Fotoshooting anstrebt.
Sofern ein Automat in der Nähe des eigenen Wohnorts steht, kann man dahin gehen und für wenig Geld mit diesen Abbildungen die erforderlichen Dokumente erstellen. Alternativ verfügen die meisten Fotogeschäfte über eine Passbildvorrichtung und wissen, was gefordert ist. (z.B. Kein lächelndes Gesicht oder zu bunte

Bildhintergründe, auch die Größe des Dokuments ist genau definiert und festgelegt.) An meinem Wohnort erledigt das die zuständige Behörde direkt vor Ort.

6.2. Bilder für private Zwecke
Ganz anders sieht es bei einem Shooting für private Zwecke aus. Es gibt viele Gründe, schöne Fotos sein eigen nennen zu wollen. Erinnerungen festhalten, entfernt wohnende Verwandte, Freunde und Bekannte so zu überraschen.
Manchmal werde ich auch für Shootings gebucht, weil der Partner seine Frau/Freundin damit beschenken will. Aus der Fotografensicht gibt es einige Dinge vorab zu klären. Ich habe deshalb mal einen Fragenkatalog an das Model zusammengestellt, den ich im Anhang (Kapitel 11.2) anführe. Wenn es gelingt, diesen so genau wie möglich ausgefüllt zurück zu erhalten, kann man viele Irrtümer vermeiden. Es ist schwierig, die Gedanken des anderen zu lesen. Eine Frageliste kann da sehr hilfreich sein. Der Zweck der entstandenen Fotos variiert sehr stark. Soll es ein kleines Konterfei der geliebten Person im Sichtfenster des Geldbeutels sein ?
Oder wird eher ein Poster sein ? Wird eher ein Wandbild fürs Schlafzimmer gewünscht ? Wir stellen fest, die Wünsche können sehr unterschiedlich sein. Diese zu erkunden gehört zum Vorgespräch, das idealerweise einer Fotosession vorausgeht. Jedes erfolgreiche Shooting trägt in sich den Keim für weitere Aufträge. Die Mund zu Mundpropaganda ist wünschenswert und sehr hilfreich.

6.3. Bezahlte Shootings oder TFP-Model
In der Branche ist es üblich, zwischen bezahlten, sog. Payshootings und den TFP-Sessions zu unterscheiden.

TFP steht für time for print, was heute meist mit »für Dateien« umschrieben steht. Hierbei fliesst kein Geld. Das Model steht dem Fotografen für ein gewisses Projekt, umsonst zur Verfügung (Time) und erhält, als genau beschriebene Gegenleistung, vom Fotografen eine bestimmte Anzahl fertig bearbeiteter Dateien (Print). Je nach Marktwert und Standort eines Fotografen, kann ein Payshooting einiges an Geld kosten. Man spricht dann auch besser von einem Investment.
Gute Ausbelichtungen auf echtem Fotopapier überdauern, richtig gelagert, Jahrzehnte. Jedes Bild wird irgendwann auch zu einem wichtigen Zeitzeugnis und kann Generationen überdauern. Das sollte dem Interessenten schon etwas wert sein.
Aus diesem Grund kann ich jedem Fotografen nur raten, sein Können nicht unter Wert zu verkaufen. Einmal billig, immer billig. Da als Dienstleister danach wieder herauszukommen, ist schwierig.
Tipp:
Anstatt ein Angebot zu verbilligen, kann man eine zusätzlichen Dienstleistung anbieten und derart den Kunden gewinnen. Warum zu den ausgehandelten Fotos auf Papier, nicht auch digitale Dateien in kleinerem Format anbieten? So bekommen der Interessent einige Bilder für seine Darstellung in den sozialen Medien. Der Aufwand ist für den Fotografen gering, die Dateien sind sowieso vorhanden und auch schnell kleiner gerechnet. Zusätzlich kann man diese Fotos auch mit einem kleinen Logo versehen. Aber bitte nicht so dominant, dass der künftige Betrachter nur noch die Werbung des Fotografen erkennt.

6.4. Vorbereitungen
Alle nötigen Informationen zusammen zu tragen gehört

zu den unbedingten Pflichten jedes Fotografen.
Wer ist der Mensch vor der Kamera, was interessiert ihn.
Woher kommt er, wer gehört zu seiner Familie, zu den
Freunden, Bekannten. Gibt es gemeinsame Bekannte.
Übt er eine öffentliche Funktion aus, was sind die
Interessen, Hobbys und Tätigkeit ? Was ist seine
Motivation, euch als Fotografen für seine Bilder zu
wählen. Stammt er/sie aus einer zahlreichen Familie ?
Wo findet das Shooting statt, kenne ich die Location,
kann ich mir Informationen darüber im Internet
verschaffen. Wie lange dauert die Anfahrt. Routenplaner
in digitaler Form, oder auch ausgedruckt, helfen und
gehören in jede Fototasche oder als App. ins Handy.
Was gehört in die Fototasche? Wieviel Licht muss ich
mitnehmen? Muss ich eventuell eine Übernachtung
einrechnen, ein Hotelzimmer buchen ? Findet das
Shooting draussen bei natürlichem Licht statt, muss ich
mir unbedingt Informationen besorgen. Diese gibt es
reichlich, auch in Form von Fotos anderer User von
Google Earth. Das ist sehr praktisch. Es existieren auch
kleine Programme, mit denen man sich den
Sonnenstand, zur voraussichtlichen Shootingzeit,
anzeigen lassen kann. Je nach der Richtung aus der die
Sonne dann scheint, werde ich mein Model entsprechend
platzieren können.
Beinahe immer ist das Blitzgerät mit Stativ im
Fotogepäck. Draussen benötige ich selten grosse
Reflektoren, geht es doch mehr darum, Schatten
aufzuhellen. Trotzdem habe ich meist eine Schirmsoftbox
mit dabei. Diese lassen sich sehr gut zusammenfalten
und sind auch nicht sehr schwer mitzutragen. Bei Wind
ist aber Vorsicht geboten. Zu Blöd, wenn der den Aufbau
umschmeisst. Der Fotorucksack und vielleicht eine volle
Wasserflasche können helfen, das Ganze zu

stabilisieren. Genügend kleine Snacks (zB. Bananen, Äpfel, Sandwich) und Tranksame gehört sowieso mit zum Shootinggepäck,
Tipp:
Frage dein Model auch nach seinen Vorlieben bei kleineren Snacks. Shootings können durchaus anstrengend sein und kleine Pausen mit etwas Essbarem wirken oft Wunder.
Ein weiterer wichtiger Punkt sind sogenannte Moodboards. Dieses sind Zusammenstellungen von Bildern, die man zum vorher besprochenen Thema im Internet gefunden hat. Meist in Form von kleinen Mappen mit ausgedruckten Fotos. Es müssen keine Kunstwerke sein, aber Anregungen geben und man kann so auch das Model in die Bildfindung einbeziehen. Kommunikation ist das A und O einer Shootingbeziehung.
Selbstverständlich ist jede Session individuell zu betrachten. Trotzdem ergeben sich sehr oft ähnliche Aufgabenstellungen. Deshalb ist es praktisch, wenn man mal eine To do-Liste erstellt. Dabei auch notiert, was man unbedingt im Fotorucksack mit dabei haben sollte.
So ausgerüstet, sollte einem erfolgreichen Fotodate nichts mehr im Wege stehen.

6.5. Anweisungen an das Model vor dem Shooting
Je nach Art des Shootings, wird man mehr oder weniger Anweisungen an das Model geben. Damit meine ich nicht den Kleidungsstil. Sondern was zu beachten ist, dass das Erscheinungsbild so positiv wie möglich wird.
Dazu gehören genügend Schlaf, ausreichend geplante Zeit für eine entspannte Session. Ist mehr als ein Porträt gefragt, sollten der Kleidungsstil und das MakeUp, sowie die Frisur einigermassen zusammen passen.
Auch macht es einen Unterschied, ob es Fotos für eine

berufliche Vorstellung werden sollen, oder einfach Bilder mit Freizeitcharakter. Persönlich gefallen mir Fotos, wo sich das Model sichtlich entspannt in seinen Klamotten bewegt. Also sage ich jeweils zur Kleiderfrage:
» Bitte nimm das mit, was dir gut gefällt und worin du dich wohl fühlst. Vielleicht auch etwas Neues ?«
Bei Aktsessions tut der Fotograf gut daran, das Model auf mögliche Abdrücke auf der Haut hinzuweisen. Diese verschwinden meist nur nach und nach, das beansprucht einiges an Zeit. Besser das Model kleidet sich mit lockeren, blickdichten Stoffen, die nicht zu fest anliegen. Wenn irgendwie möglich auch slipless und ohne BH. Die weiblichen Modelle, werden das gut verstehen, wenn der Mann (oder die Frau) hinter Linse gleichzeitig die plausible Begründung dazu liefert.Dazu passt auch, wenn man es versichert, dass der Umkleideraum sich etwas abseits des Aufnahmenbereichs befindet. Das Model kann sich also ungestört aus- oder umziehen.
Bei Paarshootings kann man vielleicht vorab ein Thema finden. Entsprechend sollte man dann Accessoires mit einplanen. Einzelpersonen nehmen vielleicht etwas aus dem Berufsleben oder dem Hobby mit. Wettkämpfer ihr Gerät oder die typische Sportbekleidung.
Die Möglichkeiten sind unendlich.
Man muss einfach daran denken und deshalb stehen diese banalen Hinweise hier.
Die eigeplante Zeit für die Fotosession beträgt in meinem Fall meist zwischen drei und vier Stunden. Das beinhaltet auch die Vorbereitung, also Makup und Styling. Sind häufige Kleiderwechsel geplant, rechne ich mit etwas mehr Zeit. Selbstverständlich darf der Partner beim Shooting mit dabei sein. Sofern das gewünscht wird. Dies gehört unbedingt zur Kommunikation und fliesst in die Anweisungen an das Model mit ein.

Tipp:
Speziell bei weiteren Anfahrten sollte man unbedingt die vorhandenen Telefonnummern austauschen. Es kann immer etwas passieren und dann ist es gut, wenn man sich gegenseitig per Mobiltelefon informieren kann.

6.6. Was muss das Model mitbringen
Nachdem also Thema und Stil des Shootings vorab besprochen worden sind, stellt sich die Frage, was soll das Model mitbringen? Das ist nach soviel Information eigentlich ziemlich klar. Zeit, gute Laune, alle persönlichen Gegenstände aus Beruf oder Hobby. Schminkutensilien, Kleider und Dessous, die voraussichtlich beim Shooting eine Rolle spielen können. Das schon erwähnte Moodboard. Bei speziellen Essgewohnheiten (Allergiker) auch passende Snacks, Getränke und Knabbereien für zwischendurch.
(Stilles Wasser halte ich immer und überall bereit). Schokoriegel, für einen raschen Energieschub, sind auch praktisch und meistens sehr willkommen.

7. Das Model vor der Kamera

07.01. Modelle finden
Ein grosses Thema. Ich werde das immer wieder gefragt. Mein Weg in diesen Fotobereich war sehr klassisch. Als ich mit der Modelfotografie begann, besuchte ich viele Workshops und knüpfte so erste Kontakte, lernte das Genre gut kennen. Als erwünschter Nebeneffekt ergab sich ein Portfolio daraus, das ich neuen Interessenten zeigen konnte. Das war lange vor der Zeit des Internets. Fürs Prestige waren auch die Erfolge an Fotowettbewerben wichtig. Ich sammelte die

abgedruckten Fotos in den Zeitschriften in einem eigenen
Ordner. Die dabei gewonnen Medaillen und Pokale
wurden von meiner Frau als Staubfänger bezeichnet.
Sie freute sich aber immer mit mir.
Das Auftauchen von Internetplattformen hat dann die
Modelsuche sehr erleichtert.
Mit der eigenen Webseite im Gepäck, kann man jederzeit
und fast überall seine Bilder zeigen. Mails an potentielle
Modelle versenden. Selbstverständlich ist das auch kein
Selbstläufer und der Fotograf sollte sich bewusst sein,
dass heute jeder unendlich viele Möglichkeiten zur
Verfügung hat. Gerade deshalb ist es wichtig, sich aus
der Masse herauszuheben und einen eigenen Stil zu
finden. Das dauert natürlich seine Zeit.
Wie in jedem anderen Beruf auch, muss man sich diese
auch geben.
Ich lasse heutzutage meine Fotos für mich sprechen.
Schreibt mich dann jemand an, meist sind es
interessierte Frauen oder auch mal Paare, ist meistens
schon klar, um welche Art Fotos es bei dem Shooting
gehen wird. Man muss sich dann nur noch über Ort,
Datum und Preis einig werden. :-)

7.1.1 Spontane Shootings on the go

Mit dem modernen Begriff »on the go« verbinde ich
Shootings, die sozusagen von heute auf morgen
organisiert werden. Da Aktsessions eher einer gewissen
Planung bedürfen, ist diese Variante bei mir ziemlich
selten. Improvisiert ist schon gut, aber ich mag lieber
sorgfältig geplante und dadurch entspannt ablaufende
Fotosessions und Aktionen.
Damit ich trotzdem immer bereit bin, stehen die Akkus
immer gut aufgeladen bereit. Kamera und Objektive sind
bereits im Rucksack verstaut. So bleibt dann nur noch

das Licht und die Stative mitzunehmen. Die sind aber genauso reisebereit verstaut. Ein Modelrelease ist meist rasch ausgedruckt, wenn nicht gerade der Drucker streikt. Was noch bleibt ? Routenplaner und kleine Snacks und Wasser für die kurzen Pausen. Immer dabei auch Baby- oder Kokosöl und natürlich die Cremes für den Sonnenschutz.

7.1.2 Bestellte Fotosessions

Das sind meine bevorzugten Shootings. Man kann viel vorausplanen und miteinander absprechen, was gezeigt werden soll. Welche Ideen und Wünsche hat das Model ? Bin ich in der Lage, diese zu erfüllen ? Wie bei den improvisierten Shootings steht die Technik schon fertig gepackt bereit. Evtl. muss ich noch ein zusätzliches Objektiv mitnehmen. Das kann man alles vorher herausfinden, wenn man nicht vergisst, zu fragen. Reisezeit, Dauer der Anreise kann man auch gut abschätzen. Die Routenplaner helfen dabei ganz ordentlich. Trotzdem fahre ich immer früh genug los, damit ich meine Modelle nicht warten lassen muss. Das kreiert nur Stress und macht überdies einen schlechten Eindruck. Das gilt auch andersherum. Deshalb hier ein Tipp:
Mache deine Dates immer dort ab, wo du einen Kaffee trinken, oder sonst was zu dir nehmen kannst.
So verkürzt sich auch eine etwas längere Wartezeit auf angenehme Weise. Ich lasse mir auch immer die Mobiltelefonnummer geben, teile meine genauso mit. Dann kann man bei unvorhergesehenen Ereignissen jemand auch mal kurzfristig informieren.
Kommunizieren ist eben schon wichtig.

7.2. Anweisungen geben und Modelführung

Hier ein Statement: Posen sind definitiv zu vermeiden. Das mögen die meisten Fotografen unterschiedlich betrachten. Aber wir wollen ja nicht wie die anderen sein, sondern lebendige Bilder, die auch nicht stets wiederholbar sind, kreieren.

Ich predige deshalb seit Jahren meinen Workshopteilnehmern: lasst die Modelle agieren, erzählt ihnen eine Geschichte, in die sie sich hineinfühlen können. Das ist zu Beginn etwas mühsamer. Mit wachsender Erfahrung fällt das aber leichter. Für das Model ist es auch einfacher Gesten auszuführen als sich nach Anweisungen künstlich zu verdrehen.

Ein simples Beispiel: Stell dir vor, du willst den BH-Verschluss am Rücken schliessen oder öffnen. Er klemmt etwas. Eine der alltäglichen Übungen, zumindest der weiblichen Modelle. Anstatt also den Rücken zu verbiegen und verkrümmen, ergibt sich sofort eine natürliche Bewegung, jetzt weise ich das Model noch an, bitte auf seine rechte Handinnenfläche zu sehen und schon kann ich ein fertiges Bild machen. Halte die Stellung und auf 3 - 2 - 1 schaust du mir in die Kamera und fragst dich erstaunt, weshalb ich dir bei diesem Schliessen des BH zugesehen habe.

Somit stimmt auch die leicht erstaunte Mimik und der Augenkontakt zum Bildbetrachter ist auch hergestellt. Lauter natürliche, authentisch wirkende Gesten.

Tipp:

Um ein Model leicht und locker führen zu können, muss man sich nur überlegen, was es jeden Tag mal macht. Diesen Alltag vor die Kamera zu holen, ist nicht schwer oder aufwändig. Es hilft ungemein, wenn man mit Fotos kleine Geschichten erzählen will.

Ich habe die Erfahrung gemacht, dass Modelle bei

Shootings so viel länger durchhalten, als wenn ich sie in standardisierte Posen zwänge. Dazu kommt, dass bei dieser Arbeitsweise die Laune bei allen Beteiligten locker und luftig bleibt. Es darf auch mal gelacht werden.
Selbst TänzerInnen machen ihre Gesten und Bewegungen nicht einfach so. Sie bilden, ganz im Gegenteil, Geschichten und menschliche Verhaltensmuster ausdrucksstark nach.
Noch ein Beispiel gefällig ? Sag deinem Model, es solle sich vorstellen, dass da vorn ein Apfelbaum steht und es gerne eine Frucht als kleine Zwischenmahlzeit vom Baum holen würde. Aber bitte, oben hängen die besten Äpfel, es bedarf nur kleine Korrekturen um eine harmonische Bewegung zu erhalten. Durch die Streckung des Oberkörpers, das Ausstrecken des Armes hebt sich auch der Kopf, weil die Person ja den Apfel ins Visier nehmen muss, um ihn zu pflücken. Auch mit der Beinhaltung geschieht gleichzeitig etwas. Wenn diese noch nicht ausgeprägt genug ist, lasse ich das Ganze wiederholen und bitte um etwas mehr Schwung oder eine zusätzlich Drehung des Gesichts in Richtung Kamera.
Mit Kleidungsstücken und Accessoires kann man unendlich spielen und sie mit ins Shooting einbeziehen. Der Fantasie ist keine Grenze gesetzt. Ein paar Informationen zu Hobby oder Beruf des Menschen vor der Kamera; zu Beginn des Kontaktes, oder ein Moodboard mit Beispielen helfen in jedem Fall.
Etwas anders gelagert, aber nicht weniger interessant, sind Porträtsitzungen. Hier sind vor allem Mimik und Ausdruck gefragt.
Diese kann man wiederum durch Erzählungen herausholen. Ein geeigneter Text, aus einer Zeitschrift oder Zeitung, Brief oder Buch wecken Emotionen. Das Augenspiel wirkt dann zusammen mit der Mimik auch

harmonisch. Es ist niemals gekünstelt oder wirkt unecht.
Ich kenne Kollegen, die bei Shootings auch plötzlich
Rechenaufgaben stellen. Nicht etwa um die Intelligenz
des Gegenübers zu testen, sondern um die Reaktionen
in den Gesichtern festzuhalten.
Kommunikation ist sowieso das A und O und der Fotograf
sollte in der Lage sein, sein Model zu unterhalten und
nicht zu langweilen. Es in ein Gespräch über Familie,
Beruf, Freizeit, Reisen oder auch Vorlieben kulinarischer
Art zu verwickeln.
Tipp:
Ich lasse meistens einen Blick, oder auch zwei auf den
Monitor der Kamera zu. Ich fotografiere zwar RAW, aber
das Monitorbild entspricht einem »fertigen« Jpeg und
dieses kann man so voreinstellen, dass der Betrachter
ein angenehmes Gefühl für das Foto bekommt.

7.3. Modelvertrag
Das absolute Muss. Auch unter Freunden. Vor allem,
wenn der Fotograf seine Bilder veröffentlichen will, muss
er das Einverständnis der abgebildeten Person schriftlich
vorweisen können. Ansonsten können die Konsequenzen
sehr schmerzlich werden und tiefe Löcher in das
Selbstbewusstsein und den Geldbeutel reissen.
Ein Vertrag muss immer Name, Anschrift, Ort, Datum,
Gültigkeitsdauer und Zweck beinhalten. Etwaige
Sonderwünsche können auch vereinbart werden.
Ich halte meine Verträge prinzipiell kurz. Sofern nötig,
müssen die Medien und Plattformen, wo allenfalls Bilder
gezeigt werden können, einzeln aufgeführt werden.

7.3.1.Vertrag bei TFP
TFP bedeutet nur dass alle Beteiligten ohne finanzielle
Interessen mitmachen und dass beide Seiten die

gleichen Rechte zur Veröffentlichung besitzen. Hier ein Beispiel, das ich auch als Basisvertrag auf meiner Webseite zeige:

Modelvertrag

Dieser Vertrag ist als Muster zu verstehen ! Wird von Fall zu Fall angepasst !

Zweck:

Gemeinsame Bilderstellung im Rahmen eines Workshops/Shootings, bzw. bei Fotowalo Caslano hergestellte Glamour-/Aktaufnahmen.

Vertragsvereinbarungen:

Das Modell überträgt, ohne zeitliche Einschränkung, die Rechte für nichtkommerzielle Nutzung (Eigene Mappe, Ausstellungen, Fotowettbewerbe, Internetpräsenz) und Veröffentlichung in allen Medien an den bei diesen Fototagen/Shooting' entstandenen Werken auf den Bildurheber. Hierzu darf er die Dateien, auch entsprechend der jeweiligen Verwendung, mittels elektronischer Bildbearbeitung verfremden oder retuschieren.
Der Bildurheber verpflichtet sich mit seiner Unterschrift die persönliche Integrität des Models nicht zu verletzen. Das Model erhält das Recht, die von Bildurheber angefertigten Werke zur Eigenwerbung in nichtkommerzieller Form zu veröffentlichen.
Eine Weitergabe dieses Veröffentlichungsrechtes an Dritte ist ohne schriftliche Einwilligung des Bildurhebers nicht zulässig.

Das Model erhält auf Wunsch kostenlos hochauflösenden Bildern von ausgesuchten Fotos.
Das Model erhält ein einmaliges Honorar in Höhe von (bei TFP 0.00 Euro.) Abrechnung mit der Steuer ist Sache des Models.
Vertragsänderungen bedürfen der Schriftform. (z.B. bei späterer kommerziellen Nutzung des Bildmaterials.)
Sollte bei einer Veröffentlichung ein Honorar an den Bildurheber fliessen,
so hat er das Model mit ....% am Nettogewinn zu beteiligen.
Auf Wunsch des Models ist dessen Namen oder Pseudonym im Vertrag zu erwähnen.

Ort: Datum:
Unterschriften:
Bildurheber: Model:

Anschrift: Bildurheber:
mail: fon:

Anschrift: Model:
mail: fon:

Zusätzliche Vereinbarungen/Sonderregelungen:

Bildurheber:

Model:

Kontakt: walofoto@gmail.com

7.3.2 Vertrag bei Fremdnutzung

Mit diesem etwas holprigen Titel versehe ich hier Shootings und deren Verträge, die nur eine Nutzung durch die Modelle zulässt. Ich nenne diese auch durchaus passend, PRIVAT-Shootings.

Bei einem Zusammenkommen sollten immer beide Seiten auf ihre Kosten kommen. Bei TFP liefert der Fotograf die Dateien an sein Model und das Model stellt dafür seine Zeit zur Verfügung. Soweit ist alles klar.

Bei den bezahlten Shootings erhält der Fotograf sein ausgemachtes Honorar am Tag des Shootings und verpflichtet sich dafür innert der ausgemachten Frist die Dateien in bester Ausbelichtungsqualität zu liefern.

Muss der Fotograf weiter reisen, so ist es sinnvoll, die entstehenden Spesen vorab überweisen zu lassen.

Nachfolgend ein Muster eines solchen Vertrages, der je nach den vor Ort in Kraft stehenden, gesetzlichen Bedingungen, individuell angepasst werden muss !

Vertrag für private Verwendung der Fotos:

Der Fotograf verpflichtet sich mit seiner Unterschrift, die bei diesem Shooting entstandenen Files mit der nötigen Diskretion zu archivieren.

Er nutzt sie auf keinen Fall für seine eigenen Zwecke.

Er verpflichtet sich in nützlicher Frist, Dateien in der für die Ausbelichtung nötigen Grösse und Qualität abzuliefern.

Der Bildurheber verpflichtet sich mit seiner Unterschrift die persönliche Integrität des Models nicht zu verletzen.

Das Model erhält das Recht, die von Bildurheber angefertigten Werke zur Eigenwerbung in nichtkommerzieller Form zu veröffentlichen.

Eine Weitergabe dieses Veröffentlichungsrechtes an Dritte ist ohne schriftliche Einwilligung des Bildurhebers nicht zulässig.
Der Fotograf bleibt Urheber der angefertigten Werke.
Das Model erhält auf Wunsch kostenlos hochauflösenden Bildern von ausgesuchten Fotos.
Das Fotograf erhält ein einmaliges Honorar in Höhe von .... Euro.
Abrechnung mit der Steuer ist Sache des Fotografen.

Vertragsänderungen bedürfen der Schriftform. (z.B. bei anderer Nutzung der Fotos durch den Inhaber)

Ort: Datum:

Unterschriften:
Bildurheber: Model:

Anschrift: Bildurheber:
mail: fon:

Anschrift: Model:
mail: fon:

        Zusätzliche Vereinbarungen/Sonderregelungen:
Bildurheber:

Model:

_____

Abschliessend kann ich zu diesem Thema sagen, dass man sich durchaus an Vorlagen aus dem Internet orientieren kann. Es lohnt sich also den Suchbegriff » Modelvertrag« oder TFP-Vertrag zu verwenden.
Wie schon erwähnt, bin ich kein Freund von ellenlangen Vertragsentwürfen. Das muss aber jeder in dem Bereich Arbeitende für sich selbst entscheiden. Wichtig ist, dass beide Seiten guten Gewissens unterschreiben können. Vor allem muss das potentielle Model oder der Kunde bereits vor dem Shooting über den Vertragsinhalt Kenntnis haben.
Ohne Modelrelrease kann man heute in keinem Fall Bilder veröffentlichen. Hier ist die Rechtsprechung in den vergangenen Jahren sehr weit fortgeschritten.
Heute ist ja selbst das simple Weiterleiten von Bildern in den sozialen Netzwerken mit Risiken verbunden.

8.Nachbearbeitung

Vielleicht wiederhole ich mich, aber der Hinweis muss einfach sein. Die Nachbearbeitung beginnt schon bei der Voreinstellung der Kamera. Ich setze jeweils alle Parameter auf null. Passe dann die einzelnen, individuell geforderten kcamerainternen Lösungen an.
Da ich fast immer mit RAW-Format arbeite, kontrolliere ich eigentlich nur, ob der Filename passt. (Ich lasse immer den Jahrgang im Filenamen). Das erleichtert die spätere Suche im Archiv.
Damit ich dem Model die Fotos schon vorab, oder auch mal zwischendurch am Kameramonitor zeigen kann, stelle ich die Farbtemperatur auf einen optisch angenehmen Wert. (Warmton) Schärfe, Kontrast, Sättigung belasse ich auf null.

Tipp:
Auch wenn später Schwarzweiss-Bilder (s. Auch
Bonuskapitel am Ende des Anhangs) gefragt sind,
fotografiere ich in Farbe. Kameraprofil auf ADOBE RGB
1998. Diese Angabe kann gerne abgeändert werden.
Es ist einfach ein guter Startpunkt. Kameraeigene Profile
vermeide ich, sonst muss ich womöglich bei einem
späteren Markenwechsel wieder »alles neu erfinden«.
Die gewünschten Fotos sind also gemacht. Die Dateien
doppelt auf verschiedenen Festplatten gesichert.
Auf mein Archivierungssystem gehe ich unter Punkt 8.5
ein. Wir können also den Photoshop starten. Hinweis:
man muss nicht mit dem Branchenprimus arbeiten. Auch
andere Software hält bei der Bildbearbeitung gut mit.
Vielleicht weniger umfangreich, aber sicher preislich
günstiger. (Luminar, Affinity Photo, ON1 um nur einige zu
nennen)
Tipp:
Unbedingt vor dem endgültigen Kauf ausgiebig
testen.Nicht jede Software läuft auf jedem Rechner
reibungslos. Blöd, wenn es hakt, das Programm sich
aufhängt oder gar der Computer abstürzt und man schon
Geld ausgegeben hat.

8.1. Rawentwicklung
Die erste Massnahme bei der Entwicklung nehme ich bei
den Einstellungen vor. Ich öffne die Bilder im Konverter
immer im 16Bit-Modus. Damit verfüge ich über feinst
abgestimmte Dateien, die sich subtil verarbeiten lassen.
Die Gefahr von Tonwertabrissen ist sehr viel gringer als
im 8Bit-Modus. Die Kehrseite dieser Massnahme ist,
dass man sehr schnell grosse Dateien zu bearbeiten hat.
Entweder man verfügt über genügend Arbeitsspeicher
oder der Computer verlangsamt sich dramatisch.

Da die Speicher heute relativ günstig zu erwerben sind,
kann man sich beim Kauf eines Computers genügend
damit eindecken. Arbeitsspeicher ist viel wichtiger, als
ultrabombastisch schnelle Takte des Computers.
Die Voreinstellungen sind also gemacht, wir können das
erste Bild im aktuellen Photoshop CC 2019 laden.
Es öffnet sich automatisch das Fenster mit dem Raw-
Konverter. Machten wir bei der Aufnahme alles richtig,
so zeigt uns das Histogramm einen eher nach rechts
gerückten „Berg". Die Schatten sind wahrscheinlich noch
etwas flau, schwarze Werte fehlen unter umständen
noch. (Belichtungskorrektur)
Als erstes passe ich das Profil an. Das kann je nach
Aufnahme anders sein, meines ist aber meist auf Adobe
Standard 1998 eingestellt. Farbtemperatur und Farbton
werden nach Sicht angepasst. Da ich warme Töne gerne
mag, meist etwas über den Werten die für Tageslicht
gelten(5500K). (um die 6 -7000K)
Den Regler Belichtung verschiebe ich noch nicht.
Zuerst hole ich mir mehr Details in den Schatten und
Lichtern (Schatten in Plusrichtung, Lichter in
Minusrichtung verschieben). Danach passe ich die
Belichtung an.
Zeigt das Bild jetzt noch zeichnungslose Bereiche, kann
ich zusätzlich die Regler weiss und schwarz verschieben.
Die Punkte Klarheit und Dunst entfernen, fasse ich nur
mit grosser Vorsicht an. Dynamik und Sättigung bleiben
meist unberührt, die korrigieren sich leichter in der
Photoshopnachbearbeitung.
Nach den globalen Einstellungen passe ich lokale
Bildteile mit dem Pinsel oder dem Verlaufswerkzeug an.
Vorsicht vor Halos, die bei zu grossen
Pinseleinstellungen entstehen. Ich wähle auch beim
Fluss geringere Werte und pinsle lieber ein Mal mehr

über eine zu korrigierende Stelle, als dass ich weisse Ränder um Bildteile riskiere. Die Pinseleinstellungen sind weiter mit einer sehr weichen Kante und geringen Werten bei Fluss und Dichte auf subtiles Arbeiten eingerichtet. Kontraste regle ich mit 3 Anfassern auf der Einstellungsebene Gradationskurve.
Tipp:
Es lohnt sich, bei der RAW-Entwicklung etwas mehr Zeit und Mühe zu investieren. Die weitere Bearbeitung beschränkt sich danach meist nur auf die Retusche, Anpassung der Gradation und Sättigung.
Grösseneinstellungen und Scharfzeichnung erfolgen am Ende der Bearbeitung. Dazu gleich noch mehr.
Die Rawentwicklung ist damit aber noch nicht abgeschlossen. Eventuell sind noch Begradigung (Verzerrung ausgleichen), Verzeichnung und sicher die Schärfe einzustellen. Bei der Schärfe verwende ich einen Radius von 0.6 und Werte um die 65-70. Das sind meine Erfahrungswerte, die aber nicht allgemein gültig sein müssen. Wenn immer möglich, aktiviere ich auch das Objektivprofil und entferne die chromatische Aberration.
Die Gradationskurve wird nochmals überprüft. Zeigt das Bild abgesoffene oder ausgefressene Bildteile auf ? Meistens ist das nicht der Fall. Ziel ist immer ein ausgewogenes, detailreiches und farblich harmonisches Grundbild zu erzeugen. Ist das gelungen, öffne ich die Datei und beginne jetzt mit der eigentlichen Bearbeitung in Photoshop CC2019, der Retusche und dem Styling nach meinem Geschmack.

8.1.1 Farbe oder Schwarzweiss ?

Da sich die Frage meist am Ende einer Bildbearbeitung stellt, behandle ich sie auch erst am Schluss dieses Kapitels. Meist behalte ich beide Varianten und ich

Nachbearbeitung beginne zuerst mit der Farbe. Die Umwandlung in schwarz-weiss erfolgt dann danach, aber bevor ich die Bildgrössen verkleinere. Ich behalte also immer eine Farbvariante als grosse Datei und basierend auf dieser auch monochrome Varianten. (Siehe dazu auch im Kapitel Bonus des Anhangs)

Als erstes überprüfe ich den Bildausschnitt, sofern ich den nicht schon im Rawkonverter gewählt habe.

Dann stelle ich die Ansicht auf 100% Bildgrösse und kontrolliere die Haut auf unerwünschte Pickel und andere Unreinheiten. Man tut auch gut daran, einfarbige Hintergründe, wie etwa blauen Himmel auf Flecken zu kontrollieren. Mit den Retuschewerkzeugen in PS CC2019 verfügt man über sehr gute Tools.

Tipp:

Tutorials zu den Vorgehensweisen und Tipps findet man in Youtube zuhauf in deutsch, englisch und gegebenfalls auch in anderen Sprachen.

Empfehlung: Die Versuchung mag gross sein. Trotzdem sollte man Weichzeichner nicht generell anwenden und so Menschen in plastifizierte Erscheinungen verwandeln. Retusche ja, wo nötig, unbedingt. Aber so, dass die Haut noch Struktur aufweist. Vorsicht auch bei Farbkanten.

Die an sich sehr praktischen Retuschewerkzeuge unterscheiden da nicht und verwischen womöglich Bildteile derart, dass man den Eingriffs wahrnehmen kann. Hier hilft nur vorsichtiges Wegstempeln und stete Kontrolle, was die Werkzeuge gerade tun.

Nun sollten alle Bildteile retuschiert sein, die stürzenden Linien korrigiert und überflüssige Bildteile entfernt sein. Weitere Bildkorrekturen sind jetzt Kontraste und Sättigung so zu manipulieren, dass das Bild möglichst nahe an der eigenen Erinnerung erscheint. Wir bewegen

uns immer noch in den »Muss«-korrekturen, können jetzt aber auch an vielleicht erwünschte Effekte denken.
Darunter verstehe ich, den Bildbetrachter im Foto an die Stellen zu lenken, die für uns wichtig sind.
Dazu gehören eine wahrnehmbare, aber unsichtbare Vignette. Je nach Verwendungszweck stellt man danach die Bildgrösse ein. Ausbelichtung und Druck verlangen sehr viel grössere Dateien als Files fürs Internet.
Sofern man selber druckt, weiss man meist, was für den eigenen Drucker notwendig ist, welche Profile und Bildgrössen einzustellen sind. Fürs Internet wählt man das Profil sRGB und Bildgrössen im Jpeg-Format, die sich schnell laden lassen.
Neben den unerlässlichen Einstellungen und Retuschen gibt es auch sogenannte »Kanneingriffe« in das Bild.
Dazu gehören gewisse Effekte oder auch Bilderrahmen. Da die Möglichkeiten beinahe unendlich sind, gehe ich hier nicht weiter darauf ein. man findet im Internet genügend Tipps und Tricks zu diesem Thema.
Mein Rat beschränkt sich hier nur auf: Vorsicht, Effekte nur sparsam und nur dort, wo sie das Bild sichtbar verbessern, einzusetzen. Der Betrachter entlarvt solche Eingriffe sehr rasch und ermüdet leicht. Geradezu berüchtigt waren die, zu Beginn der digitalen Bilderwelt häufig zu sehenden, umgeschlagenen Bildecken.
Auf Dauer wirken eher gute Gestaltung oder überraschende Bildinhalte.
Zurück zur Bildbearbeitung: Das Grundbild steht, die Retusche ist getätigt. Wie lenke ich jetzt den Blick des Betrachters auf die mir wichtigen Bildinhalte?
Ich gestalte das Bild mit lokalen Eingriffen in Tonwerte und Farben. Da das immer unsichtbar erfolgen soll, jeweils auf eigenen Einstellungsebenen und mit Ebenenmasken. Letztere zeichne ich nach dem Eingriff

weich, (Gauss WZ)so dass die Massnahmen übergangslos mit dem Rest des Fotos verschmelzen. Diese Technik kannte man schon in der Schwarzweiss-Dunkelkammer, wo zu diesem Zweck, bei Nachbelichtungen oder Aufhellungen, immer abgewedelt werden musste. Im Prinzip veränderten sich nur die Werkzeuge, nicht aber die Natur der Fotografie. Das erkennt man auch daran, dass Begriffe wie nachbelichten und aufhellen immer noch verwendet werden (englisch auch dodge & burn genannt) Ebenenmasken können auf die vielfältigste Weise erstellt werden. Es lohnt sich, auch hier nach Tutorials in YouTube zu suchen. Jetzt steht also das Grundgerüst, aber irgendwie dürften die Farben lebendiger und die Kontraste knackiger wirken. Auf der neuen Einstellungseben Gradationskurve erstelle ich eine leichte S-Kurve, fasse dabei aber keine Eckpunkte an. Die Schatten und Lichter werden also in der Maximalstellung nicht verändert. Ich arbeite immer auf Sicht und nie in grossen Schritten. Damit nur der Kontrast und nicht auch die Sättigung verändert wird ändere ich den Ebenenmischmodus von normal auf Luminanz ! Nach den Tonwerten und Kontrasten gestalten wir die Farben in unserem Sinne. Um die Kontrolle über die einzelnen Farbwerte zu erhalten, erstelle ich eine Einstellungsebene Schwarzweiss. Jetzt erscheint die Datei in Grautönen. Damit ich die Farben wieder sehen kann, stelle ich den Ebenenmischmodus auf weiches Licht. Die einzelnen Farben kann ich jetzt mit den Reglern heller oder dunkler einstellen. So wird das Foto schon erheblich lebendiger und die Hauttöne lassen sich sehr subtil in die von mir gewünschte Anmutung bringen. Sofern nötig, erhöhe ich

die Sättigung in der entsprechenden Einstellungsebene. Grosse Werte sind aber nicht mehr notwendig. Wir sehen jetzt ein tonwertreiches, sehr lebendiges, angenehm zu betrachtendes Bild vor uns. Fehlt nur noch die Schärfe. Viele Bildbearbeiter behalten alle angewendeten Ebenen und, gruppieren sie womöglich für eine bessere Übersicht. Was sinnvoll erscheint, muss jeder selbst wissen. Für mich sind die Ebenen nicht so wichtig, um sie zu behalten. Falls ich nach einer gewissen Zeit das Bild wieder bearbeiten will, beginne ich eben wieder ganz neu. Der Zeitaufwand hält sich sowieso in Grenzen und vielleicht habe ich in der Zwischenzeit ja auch neue Techniken dazu gelernt.
Zurück zur Schärfung der Datei. Die Programme bieten viele Möglichkeiten, auch sind einzelne Thematiken unterschiedlich zu schärfen. Man denke nur an Architektur oder Technik, die andere Schärfungen erfordern als die Haut eines jungen Mädchens.
Ich wende Scharfzeichnung nur dort an, wo sie bildwirksam sein soll. Bei einem Porträt zum Beispiel Augen, Lippen und Haare. (Mittels Ebenenmasken)
Bei Aktaufnahmen allenfalls zu sehende Brustwarzen, Finger oder Nägel.
Andere Teile des Körpers, wie die Haut, bleiben dagegen unberührt. Dadurch entsteht auch der Eindruck von Schärfe, weil der Kontrast zwischen den akzuentierten Augen, Lippen und Haaren sowie dem Rest des Gesichts oder Körpers, vergrössert erscheint. Der Bildbetrachters sieht es nicht wirklich, spürt es aber durchaus. Ganz im Sinne von Anselm Adams, der einmal sagte, dass man Eingriffe ins Bild nicht bewusstwahrnehmen sollte, sie aber unbewusst spüren kann.Ich verwende den Hochpassfilter auf einer mit 50% grau gefüllten Ebene. Meist reichen kleine, einstellige Werte um den

gewünschten Schärfeeindruck zu erhalten. Man kann das sehr gut beobachten, Halos an den geschärften Kanten sind tunlichst zu vermeiden. Um das Bild wieder richtig zu sehen, muss man noch den Ebenenmischmodus auf »weiches Licht« stellen. Am besten kontrolliert man die Einstellungen nochmals in der grösstmöglichen Ansicht des Monitors, ehe man die Ebenen auf die Hintergrundebene zusammenfügt.
Das Bild kann jetzt noch mit dem richtigen Profil versehen werden, und dann als jpg-Datei (Qualitätsstufe maximal) mit einem aussagekräftigen Namen im richtigen Ordner gespeichert werden. Backup auf eine externe Festplatte nicht vergessen.

8.2. Styles
In diesem Unterkapitel geht es um wiedererkennbare, fotografische Stilarten.
Im Idealfall wird man vom Kunden genau deshalb gebucht, Bilder von ihm, in dieser Art zu erstellen. Natürlich kristallisiert sich ein eigener Stil erst nach einer gewissen Zeit heraus. Meist geht es um persönliche Vorlieben des Fotokünstlers. Das kann eine besonders prägnante Ausdrucksform in Schwarz-Weiss oder Farbe sein. Wie erreicht man einen solchen Status ?
Durch Information während der Ausbildungszeit !
Man sehe sich viele unterschiedliche Fotos aus den verschiedensten Themenbereich an. Vielleicht versucht man mal, eine gewisse Art nachzuempfinden. Auch Maler kopieren am Beginn ihrer Tätigkeit die bekannten Meister. Mit der Erfahrung kommt dann immer mehr die Gewissheit, dass man etwas sehr gut mag und anderes weniger. Wie immer, wenn etwas besonders gut gefällt, fällt es leichter, die notwendige Technik zu erlernen.

Tipp:
Ich habe mir zu Beginn, nie die Frage gestellt, ob ich
einen persönlichen Stil mein eigen nennen kann. Das
kam dann nach und nach, dass man mich darauf
ansprach. Ich versuchte die Bilder zu analysieren und es
war rasch klar. Die Bilder spiegelten das, was mir
besonders gefiel.
Also, eigentlich eine sehr einfach Sache.
Nur, immer wenn etwas sehr einfach ist, muss man sich
die Zeit lassen, es auch zu »erwerben«. Ehrlich gesagt
schwanke ich etwas zwischen der Liebe zu
Schwarzweiss und zu der anderen Vorliebe, den warmen
Farben. Da ich mich nie entscheiden konnte, verfolge ich
beide Linien gleichberechtigt. Meistens ergibt sich in den
Vorgesprächen zu den Shootings, sowieso in welche
Richtung man einschlagen wird. Oft gestalte ich von
einem Bild auch mehrere Varianten.
Technische Gründe, weshalb man eher monochrom,
denn farbig fotografiert, gibt es heute nicht mehr.
Das war in den Tagen der analogen Fotografie viel klarer,
weil man als normaler Fotograf mit Dunkelkammer, Farbe
viel weniger frei manipulieren konnte. Schwarzweiss
erlaubte viel mehr Eingriffe in der Entstehungsprozess.
(Digital ist die Bearbeitung und Gestaltung sehr viel
einfacher zu händeln).
Wer sich an aktuellen Trends orientieren will, sollte gerne
mal in den modernen Modezeitschriften schmökern.
Vogue und Konsorten bieten viele, gute Fotoseiten an,
so dass man sich kaum sattsehen kann. Um etwas
Ordnung in die vielen Stilarten zu bringen, nehme man
eine Schere und schneide die bevorzugten Bilder aus.
Ich habe mir früher solche Sammlungen angelegt.
Manchmal dienten die Fotos auch als Vorlagen, um
Modellen oder Kunden eine Idee zu vermitteln.

Heute fordere ich in den ersten Gesprächen die Leute jeweils auf, sich ein paar Bilder im Internet herauszusuchen, oder den analogen Weg mit den Modezeitschriften zu gehen. Daraus lassen sich rasch und einfach, sogenannte Moodboards basteln, die als Orientierungshilfe beim Shooting helfen können.

8.3. Arbeiten nach Vorgaben des Models
Kommt jemand mit festen Vorgaben zu mir, versuche ich mich so gut wie möglich anzupassen. Vielleicht geht es ja um den Ort oder einen bestimmten Zeitpunkt. Auch hier ist der Hinweis auf bestehende Fotos sehr hilfreich. Was soll mit den Fotos geschehen ? Sind sie ein Geschenk für ein Familienmitglied? Wird eine besondere Form verlangt. Etwa ein gestaltetes Buch, ein Album oder eine Webseite ? Wie gross soll das Werk werden ? Ist Farbe oder doch klassisches Schwarz-Weiss gefragt ? Spätestens jetzt hilft der Fragenkatalog weiter: Siehe dazu das Muster nachfolgend auf der Seite. Kopieren ist ausdrücklich erlaubt. In die leeren Zwischenräume kann das künftige Model dann seine Antworten schreiben.

Fragenkatalog_zum_Fotoshooting

001: Welche Art Fotos möchtest du ? Porträt, Mode, Akt, Erotik ? Kannst du Beispielbilder zeigen ?

002: Für wen sind die Bilder ?

003: Wo möchtest du das Shooting machen ? Zuhause, FeWo, Hotel ?

004: Warum hast du mich als Fotografen ausgesucht ? Kennst du meinen Bildstil ?

005: Wo sollen die Fotos gezeigt werden ? Internet oder Buch/Wandbild.

006: Darf der Fotograf Bilder aus dem Shooting anderen Interessenten zeigen ?

007: Sollen es ausschliesslich Bilder für dich werden ?

008: Wieviele Fotos möchtest Du ?

009: Farbe, Schwarzweiss oder beides ?

010: Sollen die Bilder eine Geschichte erzählen oder einfach schön sein?

011: Schminkst du dich selbst ?

012: Wieviel Retusche möchtest Du ? (Körperformen optimieren) Was ist der   Wunsch ? Reale Abbildung oder den Körper etwas schlanker dargestellt ?

013: Sollen Falten und Hautmakel retuschiert werden ?

014: Soll die Haut weichgezeichnet werden ? Reale Schärfe oder Haut etwas   weichgezeichnet ?

015: Möchtest Du die Fotos selbst aus den Rohdateien auswählen ? Ist eine Einsicht in alle Dateien/Fotos gewünscht ?

016: Soll der Fotograf für dich eine Auswahl erstellen ?

017: Hast Du schon Erfahrung mit Fotoshootings ?

018: Bringst du selbst Kleider, Dessous, Babyöl oder
     Anderes mit ?

019: Soll dich jemand zum Shooting begleiten ?

020: Wie lange soll/kann das Shooting dauern ?

021: Wie gefällst du dir selbst ? Was gefällt dir an dir ?

022: Gibt es Dinge an dir, die du lieber versteckst ?

Nach dem Shooting zu beantwortende Fragen:

023: Wirst du dem Fotografen ein realistisches Feedback
     geben ?

024: Würdest du nochmals ein Fotoshootings machen
     lassen ?

025: Wie gefiel dir die Führung durch das Shooting ?

026: Hättest du gerne eine besondere Bearbeitung der
     ausgewählten Fotos ?

027: Kannst du den Fotografen weiterempfehlen ?

Wenn du die eine oder andere Frage nicht beantworten
kannst oder magst, antworte einfach mit: weiss nicht.
Die eine oder andere Frage passt vielleicht zu diesem
Kapitel. Trotzdem sei der Katalog hier aufgeführt. Er soll
helfen, dem Fotografen wichtige Hinweise schon vor dem

Shooting zu liefern. Gleichzeitig beteiligt er die Interessenten am Entstehungsprozess. Jeder fühlt sich mitgenommen und das ist bei einem Shooting sowieso nie verkehrt und sehr vorteilhaft.
Tipp:
Der Fragenkatalog findet sich nochmals im Anhang Kapitel 11 wieder.

8.4. Eigenen Stil finden

Jeder Künstler träumt davon, dass seine Werke, auch ohne Titel und Unterschrift, als für ihn typisch identifiziert werden. Erreicht er diesen Status verfügt er offenbar über eine Handschrift, die ihn von Mitbewerbern unterscheidet. Wie kann man als Fotograf erkennbare Bilder schaffen ?
Tipp:
Kümmere dich nicht um Modeströmungen. Erarbeite dir Bilder, die dir persönlich gefallen. Wiederhole und verfeinere diesen Prozess immer wieder und weiter.
Man lernt nie aus !
Am besten jeden Tag. Halte die Augen offen für Techniken, die den Workflow vereinfachen und vor allem wiederholbar machen.
Die wichtigste Voraussetzung ist allerdings, dass man sich die Zeit lässt, diese Vorlieben reifen zu lassen. Fotografisches Können ist auch ein Prozess, den man nicht über Nacht erwerben kann.Ich hatte vor viele Jahren, einfach zu fotografieren begonnen. Knipste hier und drückt da auf den Auslöser. Tiere, Reisen, Menschen, Sport. Ich habe eigentlich wenig ausgelassen. Auch aus finanziellen Gründen, arbeitete ich vorwiegend in Schwarzweiss, Farbe war schlicht zu teuer. Mit den Jahren änderte sich dies und ich

fotografierte häufig auch auf Diapositivmaterial.
Meine Leidenschaft betrieb ich neben der Aus- und
Weiterbildung und dem Beruf. Immer als Hobby, aber
eigentlich ohne grössere Ambitionen.

Ein krasser Einschnitt in meinem Leben (Autounfall und
Berufsunfähigkeit) liess mich dann einen Moment
Innehalten und ich überlegte, was ich künftig mit der
vielen Zeit machen könnte. Klar war sofort, Fotografieren.
Aber was? Dinge die nicht wegrennen, da ich ja jetzt
weniger beweglich auf den Beinen war. Ich überlegte
weiter und kam zum Schluss, dass mich Menschen am
meisten interessierten und ich gerne auch Regie führte.
Nicht jeder muss glücklicherweise durch einen Unfall zur
Konzentration gezwungen werden.
Es genügt, wenn man sich einen Moment überlegt, wo
man seine Stärken sieht und welche Gebiete in der
Fotografie einen am meisten Interessieren. Vorzugsweise
auch dann, wenn man keine Kamera in der Hand hält.
Die notwendige Technik sollte kein Thema sein, die hat
man sich ja in den Jahren zuvor durch Erfahrung
angeeignet. Fotografie ist eine Sprache.
Hier kann ein Querverweis durchaus Sinn machen.
Man lernt schneller, wenn man sich sprachlich mit Dingen
beschäftigt, die einen interessieren. Vor Jahren habe ich
ein Jahr in Stockholm gelebt und gearbeitet. Die Sprache
war zu Beginn ein echtes Handicap.
Ich las aber jeden Tag, so gut wie es eben ging, die
Tageszeitung. Zuerst verstand ich nur Dinge im Sportteil,
weil mich das seit langem immer interessiert hatte.….
Schon nach relativ kurzer Zeit, war ich in der Lage, auch
andere Seiten der Zeitung zu lesen und zu verstehen.
Was will ich damit sagen ? Beschäftige dich fotografisch
mit den Dingen, die du persönlich magst. Du lernst

schneller, mit weniger Mühe. Das wird deinen Stil prägen und mit der Zeit auch von dritten Bildbetrachtern, als von Dir gestaltet, erkannt werden.

8.5. Archivieren der Dateien

Archivieren von Dateien gehört nicht zu den beliebtesten Tätigkeiten eines kreativ Kopfes. Diese Arbeit muss aber unbedingt gemacht werden. Wie geht man also vor ?
Am besten man trennt den Fotobereich von anderen Computerinhalten. Ich halte jeweils nur das aktuelle Jahr auf der Festplatte des Mac. Die abgewickelten Shootings landen auf einer externen Festplatte. Dabei bediene ich mich einer sogenannten Baumstruktur. Die Ordner landen einzeln im Jahrgangsordner.
Jeder Ordner enthält in seinem Namen Jahrgang-Monat-Tag und den individuellen Namen, der Ort und Name des Models enthalten kann. Beispiel einer Bezeichnung Ordner: 2019_01_18_Lanzarote_Silvia_01
(die letzte Zahl steht für die Anzahl Shootings an diesem Tag) Dieser so beschriftete Ordner kommt jetzt in den Ordner des Jahres 2019.
Das Backup kommt gespiegelt auf eine zweite Festplatte. Auf einem Bildschirmfoto des geöffneten Speichers, ersehe ich im Finder des Imac, den Festplatteninhalt ohne diesen jedes Mal öffnen zu müssen. Die Einzelne Datei trägt dann noch die Filenummer, die die Kamera vergeben hat. zum Beispiel so:
Lanza_FW19_6708.nef oder jpg. Es lohnt sich durchaus, etwas Zeit und Überlegung in das Anlegen eines Archivs zu investieren. Diese verlorene Zeit kommt vielfach wieder zurück. Fertig bearbeitete Fotos enthalten auch immer einen Hinweis auf die grössere Kantenlänge der Datei. Als Beispiel: 2019_02_08_lara_2048.jpg.

Für professionelle Anwender lohnt sich auch die
konsequente Verschlagwortung der Files. Die meisten
Bildbearbeitungstools beinhalten auch die Möglichkeit
Sammlungen anzulegen. So findet man sich dann
rascher in seinen über Jahren angesammelten Dateien
zurecht. Sind die Fotografien berufswichtig, sollte man
unbedingt eine Festplatte an einem sicheren und örtlich
getrennten Ort aufbewahren. Regelmässiges Backup,
zum Beispiel wöchentlich ein Mal, ist dann ein
unbedingtes Muss.

9.Das fertige Bild

9.1. Gedruckt
Zur Nachbearbeitung gehört auch die Ausgabe auf
unterschiedliche Medien. Das können sowohl gedruckte,
wie auch elektronische Files sein. Der grosse
Unterschied dabei ist die benötigte Dateigrösse. Auch die
Profile unterscheiden sich. In den nachfolgende
Unterkapiteln gehe ich etwas näher darauf ein.

9.1.1 Das Bild an der Wand
Das eigene Foto als Wandschmuck ist immer auch ein
Stück Erinnerung an einen besonderen Anlass. Es gibt
einige Punkte zu beachten. Die maximale Grösse ist
durch den Umfang der zur Verfügung stehenden Datei,
mehr oder weniger gegeben. Vielleicht gönnt man dem
Foto auch einen Auftritt mit Passepartout und
Wechselrahmen. Oder man lässt die Datei auf Aludibond
ausbelichten und schützt das Bild auch noch mit einer
Kunststoffglasschicht. So präsentiert sich das Foto frei
schwebend an der Wand, was ganz besonders edel
wirkt. Der Dienstleister gibt meistens auch Angaben zum
notwendigen Profil und die Dateimindestgrösse für die

gewählte Ausgabegrösse und Qualität. Man kann sich diese Informationen auf der Webseite leicht beschaffen.
Tipp:
Man beachte den Betrachtungsabstand, der etwa das 6 bis 7-fache der Bilddiagonale betragen sollte.
Farbbilder wirken besonders brillant auf Hochglanzpapier. Den Standort wählt man so, dass möglichst wenig direktes Sonnenlicht auf das Werk einwirken kann. So vermeidet man Spiegelungen auf dem Glas und das Bild wird auch weniger von den UV-Strahlen beeinflusst.
Viele Fotoenthusiasten schaffen sich einen FineArtdrucker an. Leider helfen die Hersteller wenig, den Druckvorgang so zu vereinfachen, dass man nicht dauernd rumpröbelt und eine Menge Tinte und Papier verschleudert. Bei den Preisen für lichtbeständige Tinten kann das sehr rasch äusserst teuer werden. Ich habe für mich daher entschieden, Drucke beim Dienstleister erstellen zu lassen. So kann ich mich besser auf die Fotografie konzentrieren und spare obendrein viel Zeit und Geld.
Tipp:
Wenn ich Fotobestellungen vorhabe, warte ich jeweils auf die saisonalen Sonderangebote. Nicht stressen lassen, wenn auf der Webseite steht, nur noch bis heute Abend..... Die nächsten günstigen Angebote kommen sowieso eher früher als später.

9.1.2 Fotos im Buch
Selbstverständlich kann man seine Fotos auch in Schuhschachteln aufbewahren. Eleganter geht das aber in Form von Büchern. Das bisschen Mehraufwand für das Layout lohnt sich. Man beachte die Vorgaben für die Grössen und Profile, die vom Hersteller empfohlen

werden. Persönlich bevorzuge ich einfarbige Buchseiten. Auf schwarzem Grund kommen Farbfotos besonders gut zur Geltung.
Bücher werden in die Hand genommen. Den zu erwartenden Spuren der umblätternden Finger, kann man, durch geeignete Papierwahl, reduzierend vorbeugen. Seidenmatt bewährt sich hier besonders. Coffeetable-Formate dürfen auch mal etwas grösser sein. Bei den Büchern jenseits von A4 muss man auf geeignete Bindung achten. Ich habe mir angewöhnt, nach Ablauf eines Fotojahres von den mir geeignet erscheinenden Bildern, einen Jahresfotoband erstellen zu lassen. So besitze ich eine gedruckte Erinnerung und die Bücher kann ich auch gerne interessierten Modellen zeigen.

9.2. Fotos für den Bildschirm
Digitale Präsentationen im Internet sind ein beliebtes Mittel, um als Fotograf auf sich aufmerksam zu machen. Instagram, Facebook und viele andere Portale sind da zu nennen. Aber Vorsicht bei den amerikanisch geprägten Webseiten. Da sind Aktbilder nur sehr eingeschränkt verwendbar. Porträts sind aber bedenkenlos.
Technisch ist alles ziemlich einfach.
Man verkleinert die Datenmengen auf ein vernünftiges Mass. Z.B auf 1920px für die längere Kante. Im Format jpg bleiben so nur wenige Hundert kb übrig, die sich schnell laden lassen. Das Profil sollte unbedingt das sRGB Profil sein, weil sonst Farben in der Mac- oder Windowswelt unterschiedlich gezeigt werden.
Achtung wichtig !
Als Fotograf kann man sich auch mit einer automatischen Videogalerie auf Vimeo oder in YouTube zeigen. Es gelten die gleichen Zensurvorschriften wie bei Facebook

und Konsorten. Das ist zwar einschränkend, aber es geht nicht anders, wenn man als Fotograf keinen Ärger durch die Betreiber entfernte Bilder haben will.
Tipp:
Kontakte kann man auch real knüpfen. Dann ist es gut, wenn man einige Fotos zeigen kann. Zu diesem Zweck halte ich auf meinem Handy (ein sogenanntes Phablet) eine Sammlung aktueller Bilder bereit. Das ist praktischer als Alben mit sich herumzuschleppen.

9.3. Bewusst Wirkung erzielen
Ich wurde schon oft gefragt, wie erzielst du positives Feedback bei deinen Fotos ? Meine banale Antwort: mit guten Inhalten. Das ist natürlich etwas kurz gegriffen. Also versuche ich hier mal etwas genauer zu werden.
Als erstes überlege ich mir, was zeige wem ich.
Das wie und die Form sind ebenso wichtig. Beim ersten Treffen, das vielleicht zufällig entstanden ist, durchaus die erwähnte Handygalerie. Ansonsten gerne auch Bildersammlungen auf Webseiten oder die gelagerten Fotos auf der Dropbox. Kommt ein erstes, geplantes Treffen zustande, zeige ich die Bilder in dafür hergestellten Büchern, auch Books genannt.
Ich achte immer auf neutrale Hintergründe und natürlich halte ich auch Visitenkarten bereit. Bei den Webgalerien steht stets ein Kontaktfenster. Bildbetrachter sollten ja animiert werden, mein Angebot anzunehmen und Kunden zu werden.
Je nach Zielpublikum sind die Inhalte verschieden. Ein Hochzeitsfotograf wird wahrscheinlich keine Aktfotos zeigen. Der Porträtist nur bedingt, viel eher verschiedene eindrucksvolle Köpfe von Männern, Frauen und Kindern. Es ist von Vorteil, wenn man einen gewissen Stil erkennen kann. Vielleicht trennt man auch farbige Bilder

von den Arbeiten in Schwarzweiss. Bestimmt ist es besser, man zeigt einige, wenige herausragende Beispiele, als eine wahllose Anhäufung von fast gleichen Fotos. Weniger ist auch hier, mehr.

10. Schlussbetrachtungen

Lieber Leser und Fotograf,
vielen Dank dafür, dass Du bis hierher durchgehalten hast. Das zehnte ist auch das letzte Kapitel vor dem Anhang. Du sollst ja vor allem rausgehen und die neuen Erkenntnisse anwenden und üben. Um das Gelesene zu vertiefen, wiederhole ich unter dem nächsten Punkt, nochmals die wichtigsten Aspekte. Sollten danach noch Fragen bestehen, oder sich neue ergeben, mail sie mir einfach. Wie immer werde ich sie so zeitnah wie möglich beantworten. Die nötige Adresse steht unten.

Webseite: www.fotowalo.ch

mail: walofoto@gmail.com

10.1 Auf einen Nenner gebracht, Zusammenfassung
Die wichtigste Erkenntnis für einen noch etwas unerfahrenen Fotografen:
Relax, es ist noch kein Meister vom Himmel gefallen.
Aus Fehler kann man lernen, sie sind wichtige Stationen in der persönlichen Entwicklung. Allzu oft sollte man sie nicht wiederholen. Da Du diesen Leitfaden gelesen hast, zeigst du Motivation und Interesse für die Fotografie.
Ich bin zuversichtlich, dass Du auf deinem weiteren Weg mit dieser schönen Leidenschaft viel Freude und Befriedigung erfahren wirst.

10.2 Fragen_Antworten_Begründungen

Vor dem Shooting

Wie bist du zur Fotografie gekommen ?
- durch meinen Grossvater, der bei mir schon im
    Kindesalter das Interesse und die Begeisterung
    weckte.

Wie findest Du Deine Modelle ?
- Ich zeige meine Arbeiten im Internet. Trage immer
    einige Visitenkarten mit mir. Ich lasse meine Bilder
    für mich sprechen.

Wo hast Du die ersten Beispielbilder erstellt ?
- Ich besuchte während einiger Jahre viele Workshops.
    Von diesen brachte ich neben Wissen, auch Fotos
    mit, die ich Interessenten zeigen konnte.

Was ist dir wichtig beim Fotografieren von Menschen ?
- Eine entspannte Atmosphäre. Keine ewig dauernden
    Sitzungen.

Betreibst du ein Fotostudio ?
- Nicht mehr. Heute verfüge ich über eine mobile
    Blitzanlage. Das lässt mich sehr flexibel zu den
    Homeshootings fahren.

Muss sich ein Model ausziehen ?
- Nein, sicher nicht. Jede(r) zeigt das, was sie/er mag und
    kann.

Warum bist du grade auf mich als Model gekommen ?
- Ich habe deine Bilder in einem Forum gesehen. Sie
    gefielen mir und deshalb, habe ich den Kontakt
    gesucht.

Was erwartest du speziell von mir ?
- Motivierte und gute Zusammenheit. Dass Du mit Freude
    dabei bist und mir auch sagst, wenn etwas nicht
    passt.

Sind Modelverträge wichtig ?
- Ja, unbedingt. Wenn man plant, seine Fotos öffentlich
     zu zeigen, benötigt man immer ! eine
     Einverständniserklärung der abgebildeten Person.
     Beispiele solcher Verträge lassen sich im Internet
     leicht finden.
Was ist wichtig, wenn ich mit jemandem ein Shooting
     vereinbare ?
- Datum, Ort, Zeitpunkt, Thema des Shootings. Einsicht
     in einen Modelvertrag und unbedingt
     Telefonnummern unter denen man in Kontakt
     bleibt, falls man sich mal verspätet.
Wurdest du schon einmal versetzt ?
- Ja, leider. Deshalb vereinbare ich Treffs nur noch an
     Orten, wo ich zumindest einen Kaffee trinken
     kann.
Gibst du deine Originale heraus ?
- Eigentlich nie. Ausser jemand kauft sie und bezahlt den
     hohen Preis.
Was rätst du einem jungen Kollegen ?
- KISS, keep it simple and stupid.
Beteiligt du dich an Fotowettbewerben oder publizierst du
     Bilder in Zeitschriften und Büchern ?
- Fotowettbewerbe waren zu Beginn meiner Tätigkeit ein
     wichtiger Gradmesser. Veröffentlichungen natürlich
     sehr willkommen. Heute beschränke ich meine
     Publikationen auf das Internet. Dort erhalte ich
     genügend Resonanz. Ausstellungen beschicke ich
     nur, wenn die benötigten Spesen bezahlt
     werden.
Bezeichnest du dich als Profifotograf ?
- Nein. Profis müssen mit ihrer Arbeit ihren
     Lebensunterhalt bestreiten. Das ist bei mir nicht
     der Fall. Verdiene ich etwas Geld mit der

Fotografie, stecke ich das wieder in neue Technik oder neue Unternehmungen.

Fotografierst du Vollformat ?

- Nein. Nicht mehr. Ich habe wieder auf Cropkamera gewechselt, der Aps-C Sensor reicht für 98% meiner Arbeit. Fehlen einmal paar Pixel, rechne ich die in der Nachbearbeitung ohne Schaden hinzu.

Was ist wichtiger, Kamera oder Objektiv ?

- Das Objektiv, weil es den entscheidenden Einfluss auf die Bildqualität hat. Wenige Linsen, aber dafür die beste Qualität, die man sich leisten kann. Zooms sind heute sehr gut. Festbrennweiten bieten meistens eine höhere Anfangsöffnung oder ihr Preis/Leistungsverhältnis ist unschlagbar gut.

Womit beginnst du eine Fotosession draussen ?

- Ich sehe nach dem Sonnenstand, Lichtverhältnisse und dann entscheide ich in welcher Richtung ich das Model positioniere. Wie ist der Hintergrund gestaltet. Gibt es störende Elemente.

Wie bereitest du eine Fotosession an einem neuen Ort vor ?

- Ich recherchiere im Internet nach Informationen und Bildern. Wo steht zum gegebenen Zeitpunkt die Sonne am Horizont. Wie ist der zu erwartende Publikumsverkehr. Wie erreiche ich diesen Ort. Gibt es ausreichend Verpflegungsmöglichkeiten Vorort ? Wie wird das Wetter zur geplanten Zeit sein ? Andere wichtige Informationen.

Während des Shootings

Schminken sich deine Modelle selbst ?

- Ja. Styling und MakeUp ist Sache der Modelle.

Wie lange dauert eine Fotosession ?
- Das ist sehr unterschiedlich. Meist sind die Leute aber
      nach zwei bis drei   Stunden müde und die
      Konzentration lässt nach. Manchmal reicht eine
      längere Pause, danach kann man noch etwas
      weiter machen. Da ich   eigentlich nie Posen
      machen lasse, halten die Leute aber länger durch.
Wieviel Retusche ist nötig ?
- Wenn ich keine Auskunft erhalte retuschiere ich nur
      Hautunreinheiten, die wachsen. Also zB. Pickel.
      Narben. Also zB. Pickel. Narben und Muttermale
      gehören eventuell zum gewohnten
      Erscheinungsbild und diese entferne ich nur, wenn
      der/die Betroffene das wünscht.
Gibt es Themen die du ablehnst ?
- Ja, Gewalt und Fotos von Minderjährigen ohne
      schriftlichen Auftrag der Erziehungsberechtigten.
      (Shooting nur bei Anwesenheit des Elternteils)
Lässt du deine Modelle posieren ?
- Wiederholbare Posen versuche ich zu vermeiden. Ich
      beschäftige meine   Modelle lieber oder erzähle
      eine Geschichte, mit der ich Verhalten und
      Mimik in eine gewisse Richtung steuern kann.
Weshalb bevorzugst du weiches Licht ?
- Weil es Körper dreidimensional im Foto erscheinen
      lässt. Weiche Schatten sind dafür absolut
      notwändig. Geringe Kontraste sind auch besser zu
      steuern, weil noch alle Tonwerte im Bild vorhanden
      sind. Gradationen kann man steiler machen,
      abgeschnittene Lichter und Schatten aber nur in
      sehr geringem Masse reparieren.
Gibt es noch andere Gründe für weiches Licht ?
– Ja, es lässt dem Menschen vor der Kamera mehr
      Bewegungsfreiheit. Für mich bedeutet das

geringfügig mehr Aufwand bei der
Nachbearbeitung, damit ich die gewünschten
Schwerpunkte im Bild lokal setzen kann.

Arbeitest du während eines Shootings nach Plan ?

- Sofern vom Model gewünschte Fotos gemacht werden
sollen, ja. Eine Liste kann hilfreich sein, weil man
doch das eine oder andere vergessen kann.
Wenn ich die Location schon kenne, Beispiel in
Lanzarote, weiss ich meistens vorher schon,
welche Bilder entstehen sollen. Oft entstehen
Fotos aber auch spontan.

Hast du schon mal ein Shooting vorzeitig beendet ?

- Ja. Leider schon vorgekommen. Die Begleitung redete
ständig rein und verunsicherte das Model.

Nach dem Shooting

Wie lenkst du den Blick des Bildbetrachters ?
Durch Betonung der bildwichtigen Elemente im
Foto. (Schärfe, Helligkeit, Farbe und eine
möglichst unmerkliche, aber doch spürbare
Vignette)

Spielt Zeit bei der Bildauswahl eine Rolle ?

- Ja, zeitlicher Abstand zur Entstehung klärt den Blick auf
gelungene oder misslungene Fotos. Die
Beurteilung der Fotos fällt so wesentlich leichter.

Ist die Nachbearbeitung notwändig ?

- Ja, unbedingt. Eine Rawdatei ist nur ein halbfertiges
Produkt.

Darf man die Nachbearbeitung im Bild sehen?

- Es gibt keine feste Regel, aber m.E. sollte sie
sozusagen unsichtbar bleiben. Die wenigsten
Bildbetrachter sind bei der Entstehung der Fotos
dabei und können somit genau zwischen

Basisbildund der Nachbearbeitung unterscheiden.

Sind sogenannte, moderne Bildinhalte wichtig ?
- Nein, Modeströmungen kommen und gehen. Das
    menschliche Verhalten ändert sich nicht so rasch.
    Deshalb ist Kenntnis über die Wahrnehmung viel
    wichtiger als Effekte ins Bild einzubauen. Diese
    langweilen den Bildbetrachter schon nach kurzer
    Zeit, während authentische Menschenbilder sehr
    viel länger ihre Wirkung entfalten.
Wie schnell lieferst du die bearbeiteten Bilder ?
- Meistens innerhalb zwei Wochen. Wenn es länger
    dauern sollte, informiere ich darüber vorab oder so
    rasch wie möglich.
Gibt es Fotowünsche, die du noch realisieren willst ?
- Ja, die gibt es. Zum Beispiel eine Fotowoche in einer
    luxuriösen Umgebung ohne Einschränkungen
    durch finanzielle Überlegungen.Oder auch
    Shootings an exotischen Orten.
Arbeitest du heute anders, als zu analogen Zeiten ?
- Ja, sehr entspannter, weil ich die Ergebnisse besser
    kontrollieren kann. Das Wesen der Fotografie hat
    sich durch die digitale Technik für mich aber nicht
    radikal verändert. Ich vermisse die analoge
    Technik nicht.
Wie verhält du dich, wenn dir ein Interessent nicht
    passt ?
- Ich lehne TFP ab. Bei Payshootings verhalte ich mich
    professionell ohne   Ranküne.
Wie reagierst du auf negative Kritik ?
- Ich schaue mir genau an, woher sie kommt. Ist der
    Absender kompetent, sehe ich schon sehr genau
    hin und überlege mir, warum ich von ihm diese
    Reaktion bekommen habe.

Gibt es für dich Unterschiede in der Lichtsetzung bei
Fotosessions mit Frauen und Männern ?
- Eigentlich nicht. In der freien Natur scheint die Sonne
        für alle gleich. Da spielt das Geschlecht auch
        keine Rolle. Auch Alter und Grösse sind bei diesen
        Überlegungen zweitrangig. Es gibt aber schon
        Gründe, weshalb ich in gewissen Situationen oder
        bei bestimmten Bildinhalten mal eine andere
        Lichtregie führe. Ziel ist es immer ein lebendiges
        und interessantes Foto zu schaffen, das den
        Bildbetrachter länger als nur 2 Sekunden fesselt.
        Zum besseren Verständnis seien hier zwei
        konkrete Beispiele angeführt:
        Glamouröse Porträts verlangen nach einem
        weichen Licht, möglichst schattenfrei
        ausgeleuchtet. Sie sind in der Beautyfotografie
        gang und gäbe. Lichter nahe der Kameraachse
        sind dann erste Wahl.
        Den muskelbepackten Sportler stelle ich hingegen
        in ein seitliches Licht, das die Figur und die
        Muskeln durch grössere Helligkeitsunterschiede
        betont.
        Das gleiche Licht würde ich auch einem gelebten
        Gesicht eines Seniors gönnen. Meines Erachtens
        sollte man dieses Leben auch im Abbild
        wieder finden. Wenn nötig, helfe ich auch bei der
        Nachbearbeitung durch gezielte
        Kontrasterhöhung, Aufhellen und Nachbelichten
        nach.
Wie benimmst Du dich gegenüber Eltern, die von ihrem
        Kind oder Jugendlichen ein professionelles Porträt
        wünschen ?
- Ich versuche ihre Motivation herauszufinden. Dann
        stelle ich meine Bedingungen: Ein

Erziehungsberechtigter muss beim ganzen Termin mit dabei sein. Im Vertrag muss schriftlich festgehalten sein, dass ich mich als Fotograf korrekt verhalten habe. Die Session muss ein reines Privatshooting sein und der fällige Betrag vorab ganz bezahlt werden, bzw. Auf meinem Konto eingegangen sein.

11. Anhang

Im Folgenden will ich in nachvollziebaren Ausführungen auf meine Arbeitsweise eingehen.
Bis vor einigen Jahren fotografierte ich mit analogen Mitteln; seit Januar 2003 voll digital.
Ich dachte, durch die Umstellung würde sich einiges ändern. Dies ist aber in geringerem Masse eingetreten, als ich annahm. Wenn ich mich für eine bestimmte Bildidee entschieden habe, überlege ich mir instinktiv, wie bringe ich das so in einem Bild unter, dass ein brillantes, tonwertreiches Foto entsteht. Das menschliche Auge (Gehirn) ist ja meist auf Ausgleich bedacht und toleriert einen viel grösseren Kontrastumfang als es Film oder Chip je können. Man lässt sich also gerne täuschen.
Um dieser Tatsache Rechnung zu tragen, gibt es verschiedene Wege. Auch gilt hier, wie immer in der Fotografie: man darf durchaus die vorgespurten Pfade verlassen. In diesem Sinne gibt es eigentlich keine falschen Belichtungen !

Trotzdem:
Ich trachte bei meinen Bildfindungen nach möglichst grossem Tonwertreichtum und dem nötigen Kontrast, um eben die mir genehme lebendige Anmutung im Foto zu erreichen und darzustellen.

Studio/Homestudio:
In den eigenen 4 Wänden ist es besonders leicht, weiches Licht zu kreieren.
Ich benutze dazu 3 grosse Styroporplatten (2x1m) hinter denen ich die Studioblitze so platziere, dass das indirekte Hauptlicht über die dem Motiv zugewandte Platte von oben schräg herabfällt. Gegebenenfalls helle ich mit einem zweiten Blitz aus der selben Richtung auf oder setze ein Akzentlicht, das ich mit mehr oder weniger dichten Wabenvorsätzen in seiner Helligkeit und Ausdehnung steuere. Das Hauptlicht wird links und rechts von 2 weiteren Styroporplatten eingeengt.
Ein weiteres Licht kommt meist diametral dem entgegengesetzt zum Zuge. Es ist indirekt gesetzt und deutlich schwächer als der Hauptblitz. Seine Aufgabe ist es, einige Lichtakzente zu setzen und das Motiv vom Hintergrund zu lösen.
Soweit zur Lichtcharakteristik.
Wie erreiche ich nun die korrekte Belichtungsmenge ?
Im Zeitalter der Digireflexe ist das einigermassen problemlos. Da ich weiss, dass der Chip überbelichtete Stellen im Bild gnadenlos ausfressen lässt, trachte ich von vornherein danach, dies zu vermeiden. Schatten lassen sich per EBV, wo nötig, sehr einfach aufhellen. Durch die weichen Lichter ist die Gefahr des totalen Absaufens in den Schatten sehr gering. An der Kamera ist, wie meist, der RAW-Modus eingestellt. Wichtige Parameter lassen sich immer auch hinterher korrigieren.

Trotzdem arbeite ich jeweils so genau wie möglich, evtl. kommt der Blitzbelichtungsmesser (aktuell 2019 nicht mehr) zum Einsatz.

In der praktischen Arbeit hat sich aber die Methode mit dem Testschuss und der unmittelbaren Kontrolle des Histogramms in der Kamera durchgesetzt. Nicht zuletzt auch, weil sich die Modelle weniger lange gedulden müssen, ehe das Shooting richtig losgehen kann.

Die Lichter sind gesetzt, Bildwirkung und Lichtmenge per Testschuss und Histogrammkontrolle voraussehbar und gebändigt. Es kann losgehen !

Ich lasse das Modell zwischendurch auch immer einen Blick auf den Monitor werfen. Das Einbeziehen in den kreativen Prozess motiviert das Modell besonders und auch die Stimmung während des Shootings wird so meist positiv beeinflusst.

Anstelle der früheren Styroporplatten verwende ich heute oft auch durchscheinende Textilien. Dadurch sind Lichtakzente und Aufhellungen sehr subtil steuerbar !

Ein grosser Vorteil der Textilien ist auch deren Flexibilität. Sie sind besser transportierbar als die starren Platten und lassen sich leicht auf einem Stativ aufziehen. Soweit zur Lichtcharakteristik.

On Location:

Diesen Begriff verwende ich für alle Aufnahmen, die nicht im Studio entstehen. Also auch für Fotos in Innenräumen unter Einbezug des Studioblitzlichtes.

Dabei ähnelt meine Vorgehensweise aber sehr stark derjenigen im Studio und braucht deshalb hier nicht explizit besprochen werden. Niemals versuche ich, eine vor Ort herrschende Lichtstimmung zu überblitzen.

Ein Bild ist dann gelungen, wenn der Betrachter von den eingesetzten Mitteln nichts bemerkt.

Aufnahmen in der freien Natur und unter Tageslicht sind immer eine besondere Herausforderung. Hier spielen Jahres- und Tageszeiten eine grosse Rolle. Die Witterung können wir nicht beeinflussen. Nur mit Planung, Ortskenntnis, viel Geduld und/oder Glück kommt man zu gelungenen Fotografien.
Ich bevorzuge für Aktaufnahmen und Porträts eher graue Tage oder das Arbeiten im freien Schatten. Bei Farbaufnahmen kann ich hinterher per EBV alle nicht genehmen Nuancen eliminieren und auch Konraste und Sättigung in meinem Sinne korrigieren.
Leichtes Einölen der Haut verhilft bei dieser "Schattografie" dem Modell zu brillanten Hauttönen im Bild. Falls trotzdem Shootings im direkten Sonnenlicht geplant sind, verwirklicht man diese besser bei tiefstehendem Licht. Die Farben, Stimmung und die Kontraste sind einfach besser und die Gefahr, dass ausgefressene Bildteile stören, weit geringer.
Das weitere Vorgehen geschieht ähnlich der Arbeit im Studio ! Bildausschnitt und Inhalt bestimmen, Testschuss, wenn nötig, Korrektur, Anweisung an das Model, fotografieren. Immer mal wieder Monitorkontrolle.
Die oben beschriebenen Vorgänge sind nur komplett, wenn die Nachbearbeitung am Computer sich darauf bezieht; sich so eine innere Logik der Aufnahmetechnik ergibt. Wie früher in der analogen Praxis gehören Aufnahme und Duka-arbeit (EBV) zusammen und sollten aufeinander abgestimmt sein !!!
Ich hoffe, mit diesen Zeilen, einen kurzen, aber hilfreichen Einblick in meine Arbeitsweise gegeben zu haben. Ich wünsche nun viel Vergnügen beim praktischen Ausprobieren, immer gut Licht und viele gelungene Bilder und grosse Befriedigung durch die eigene Arbeit!

Wer sich intensiver mit der Materie beschäftigen will, sei auf mein im Januar 2009 erschienendes Buch im Data-Becker-Verlag hingewiesen.
Titel: Digital ProLine: Einstieg in die digitale Aktfotografie
Den Data Becker-Verlag gibt es nicht mehr.
Bücher können noch zu stark reduziertem Preis auf Amazon.de gefunden werden.

April 2019 Walo Thönen, Caslano (www.fotowalo.ch)

11.2 Fragenkatalog an das Model

001: Welche Art Fotos möchtest du ? Porträt, Mode, Akt, Erotik ? Hast du Beispielbilder von deinen Wunschbildern ?

002: Für wen sind die Bilder ?

003: Wo möchtest du das Shooting machen ? Zuhause, FeWo, Hotel ?

004: Warum hast du mich als Fotografen ausgesucht ? Kennst du meinen   Bildstil ?
005: Wo sollen die Fotos gezeigt werden ? Internet oder Buch/Wandbild?

006: Darf der Fotograf Bilder aus dem Shooting anderen Interessenten oder Modelle zeigen ?

007: Sollen es ausschliesslich Bilder für dich werden ?

008: Wieviele Fotos möchtest Du ?

009: Farbe, Schwarzweiss oder beides ?

010: Sollen die Bilder eine Geschichte erzählen oder einfach schön sein?

011: Schminkst du dich selbst ?

012: Wieviel Retusche möchtest Du ? (Körperformen optimieren) Was ist der   Wunsch ? Reale Abbildung oder Körper etwas schlanker dargestellt ?

013: Sollen Falten und Hautmakel retuschiert werden ?

014: Soll die Haut weichgezeichnet werden ? Reale Schärfe oder Haut etwas   weichgezeichnet ?

015: Möchtest Du die Fotos selbst aus den Rohdateien auswählen ? Ist eine Einsicht in alle Dateien/Fotos gewünscht ?

016: Soll der Fotograf für dich eine Auswahl erstellen ?

017: Hast Du schon Erfahrung mit Fotoshootings ?

018: Bringst du selbst Kleider, Dessous, Babyöl oder Anderes mit ?

019: Soll dich jemand zum Shooting begleiten ?

020: Wie lange soll/kann das Shooting dauern ?

021: Wie gefällst du dir selbst ? Was gefällt dir an dir ?

022: Gibt es Dinge an dir, die du lieber versteckst ?

Nach dem Shooting zu beantwortende Fragen:

023: Wirst du dem Fotografen ein realistisches Feedback geben ?

024: Würdest du nochmals ein Fotoshootings mit ihm machen lassen ?

025: Wie gefiel dir die Führung durch das Shooting ?

026: Hättest du gerne eine andere Bearbeitung der ausgewählten Fotos ?

027: Kannst du den Fotografen weiterempfehlen ?

Schreibe deine Antworten einfach in die Leerzeilen im Fragenkatalog. Wenn du die eine oder andere Frage nicht beantworten kannst oder magst, antworte einfach mit: weiss nicht.

11.3 Die Nachbearbeitung am Computer (Imac)

Ich werde hier nicht den ganzen Workflow beschreiben, sondern nur auf mir wichtige Punkte eingehen. Jeder Fotograf sollte seinen eigenen Stil finden und deshalb kann die Nachbearbeitung auch nicht für jeden gleich sein. Wie gehe ich also vor ?
Die Nachbearbeitung beginnt bei der Vorbereitung zum Shooting. Sind die vorherrschenden Kontraste zu gross, ändere ich meine Position und/oder setze einen Aufhellblitz ein. So kann ich zu grosse Helligkeitsunterschiede bändigen. Ich kontrolliere immer

wieder das Histogramm und versuche den Grundsatz Expose to the right zu berücksichtigen. Gelingt dies optimal, erhalte ich ein zwar flaues, aber sehr tonwertreiches »digitales Negativ«, das mit wenigen Anpassungen im RAW-Konverter schon richtig lebendig wird und für den künftigen Betrachter angenehm anzusehen sein wird.
Durch anheben und abdunkeln einzelner Bildteile lenke ich den Blick im Bild, auf die mir wichtig scheinenden Inhalte. Die Retusche führe ich immer auf einer Kopie des Hintergrundes durch. Sie beschränkt sich auf das Nötige. Die Hintergrundebene wird dabei nie verändert! Da ich Farben sehr mag, regle ich auch immer die Sättigung und halte mich an keine Vorgaben, sondern an das, was ich am kalibrierten Bildschirm sehe. Sofern noch nötig, hebe ich auch den Kontrast mit der Gradationskurve etwas an.
Nach diesen »Muss« Korrekturen ist das Foto meist fertig bearbeitet. Selbstverständlich ist auch in der Nachbearbeitung alles erlaubt, was dem Fotografen gefällt und was er für sein Bild als richtig empfindet. Sehr oft ist weniger aber mehr. Die Reaktionen der Bildbetrachter zeigen sehr rasch, ob man auf dem richtigen Weg ist. Nach der Entwicklung im Konverter, öffne ich die Datei im Photoshop CC 2019. Als erstes kopiere ich die Hintergundebene (cmd j), damit ich ohne Bedenken alles retuschieren kann, was nötig ist. Manche Bilder kommen nicht absolut perfekt gerade gestellt aus der Kamera. Mit dem Werkzeug Verzerren, korrigiere ich das. Vorsicht, dieser Eingriff muss unsichtbar bleiben. Nach diesen ersten Eingriffen mache ich die globalen und lokalen Kontrastanpassungen und trimme die Farben auf der Einstellungsebene Farbton/Sättigung. Meistens brauche ich danach nur noch die Grösse zu bestimmen

und Schärfe einzustellen.
Tipp:
Es gibt auf YouTube beinahe zu allen Fragen der
Nachbearbeitung informative Tutorials. Eine kleine Link-
Sammlung hänge ich im Anschluss an dieses
Unterkapital noch an. Zwar ist vieles in englischer
Sprache, aber mit dem Bild/Video solltest Du alles leicht
nachvollziehen können.
Welchen Workflow kann ich empfehlen ? Der, der dir als
Fotograf am besten passt. Allerdings ein Punkt für die
Erhaltung der Qualität ist wichtig:
Dateigerechtes Schärfen kommt immer am Schluss der
Bearbeitung, unmittelbar vor dem Speichern.

11.4. Nützliche Links

Walos Fotosammlung auf der Dropbox:

https://www.dropbox.com/sh/k11ddlz7l3z9qw7/AABWsXu
gM927e777kUabzFRxa?dl=0

Viele verschiedene fotografische Themen und Tipps:

(Krolop und Gerst)
https://www.youtube.com/channel/UCFaGFYoav4S3eGk1Z55
Kmww

Neunzehn72
https://www.youtube.com/channel/UC3VVqxjgKQ1bIsVy
QGMCW6w

Pavel Kaplun:
https://www.youtube.com/channel/UCjoUqO9Lhp-

r7guDzXiLPbg
Rüdiger Schestag:
https://www.youtube.com/channel/UChuzrUFR40HuOTK
W8FVaMgw

Alexander Heinrichs:
https://www.youtube.com/channel/UCG_QwL4gFus1hyJ-
A7DZBVg

Photoshop:
Die Photoshopprofis:
https://www.youtube.com/channel/UCoXcwoxB1xK0WiLX
uLZjfhg

Der beste von allen (englisch) immens !
Piximperfect:
https://www.youtube.com/channel/UCMrvLMUITAImCHM
OhX88PYQ

Die Liste ist selbstverständlich nicht vollständig.
Tipp:
Wenn Du in YouTube den dir bekannten Suchbegriff
eingibst, bekommst du meistens eine gute Sammlung
von Videos präsentiert, die dir im speziellen Fall
weiterhelfen können. Der notwendige Zeitaufwand lohnt
sich, der Workflow, insbesondere bei der
Nachbearbeitung verbessert sich und man holt die
vorher investierte Zeit auch leicht wieder herein.

BONUS

11.5. Digitale Schwarzweissbearbeitung

Vielleicht fragst du dich, weshalb ich diese Bildgestaltung erst jetzt ausführlicher zur Sprache bringe. Das hat nicht mit meiner Vorliebe oder Abneigung für monochrome Fotografien zu tun. Es sind praktische Aspekte. Die Texte sind einfach zu lang und es sind ja auch etliche Seiten geworden. Vor längerer Zeit, plante ich, darüber ein eigenes Buch mit Fotobeispielen zu schreiben. Weil sich der damals interessierte Verlag leider in Nichts aufgelöst hat, bringe ich das Thema hier zur Sprache.

Digitale Schwarzweiss-Fotografie

Vorwort

Schwarzweiss steht auch im digitalen Zeitalter bei Fotografen und Fotointeressierten hoch im Kurs.
Der bewusste Verzicht auf Farbe sticht im weiten Meer der farbigen Bilder besonders hervor. Moderne Werbekampagnen bedienen sich immer wieder der monochromen Darstellung. Erhöhte Aufmerksamkeit ist ihnen dabei fast sicher.
Manche Feinheiten und subtile Grautöne sind nur in diesem Medium denkbar. Schwarzweiss wird auch als authentisch empfunden. So hat sich eine eigene Kunstart entwickelt, die sich Fine Art Fotografie nennt. Eigentlich nichts Anderes als die hohe Schule der Tonwerte, nicht immer und überall anwendbar, aber meist wünschenswert. Dunkelkammerspezialisten zu analogen Zeiten wussten um die Schwierigkeiten, die sich, auf der

Suche nach den richtigen Tonwerten, mehr oder weniger stark bemerkbar machten. Wie beinahe alles in der Fotografie, ist das Wort richtig nur bedingt korrekt. Meist ist es Interpretationssache. Manche Werte können sich auch verschieben. Ein monochromes Foto ist immer auch Ausdruck der momentan Stimmung, in der sich der bearbeitende Fotograf gerade befindet.

Vieles reift über Jahre und einiges wird auch von Modeströmungen und dem herrschenden Zeitgeist beeinflusst. Was sich weniger ändert, ist die unbewusste Wahrnehmung des Publikums. Menschen reagieren auf gebotene Reize und Signale, ohne darüber nachzudenken. Das hat sich, auch beim Übergang von der traditionellen Fotografie zur digitalen Bilderkunst, nicht verändert.

Genau dort wird der digital arbeitende Schwarzweiss-fotograf sein Publikum abholen. Es durch bewusste Bildgestaltung führen und sich so, ohne Worte, verständlich machen. Dies bedarf viel Erfahrung, die man sich im Laufe der Jahre aneignet.

Texte, wie der vorliegende, wollen helfen, diese Prozesse transparent zu machen, alte fotografische Gesetze (Wahrnehmung) in Erinnerung zu halten und an die neuen Möglichkeiten anzupassen.

Begleite mich bei meinen Planungen, Bildfindungen und Lösungen. Die angesprochenen Techniken beruhen auf traditionellen Werten, welche, ohne zu viele belastende Theorien, auf die digitale Aufnahme, Nachbearbeitung und Ausgabe in Schwarzweiss umgemünzt werden. Um das Thema nicht ausserordentlich umfangreich werden zu lassen, wird hier nicht zu ausführlich auf die Geschichte der Fotografie eingegangen. Ebensowenig wirst du alte Rezepte finden. Dafür gibt es am Markt einschlägige Literatur. Es fehlen umso mehr Bücher, welche eine Brücke schlagen, von traditionellem Wissen zur modernen Praxis. Genau diesen Anspruch hat dieser Leitfaden. Ich hoffe, dass meine Ausführungen gut strukturiert und leicht verständlich sind. Falls trotzdem Fragen auftauchen sollten, sendet ihr diese an Mail:

walofoto@gmail.com

Einleitung

Schwarzweissfotografie in wenige Worte zu fassen ist nicht ganz einfach. Zu viele Faktoren spielen eine Rolle, wenn renommierte Lichtbildner wieder zum traditionellsten Medium der Bildbewahrung greifen.
Um die Faszination selbst zu erfahren, empfehle ich einmal folgendes Experiment. Erstelle im gleichen Moment zwei Aufnahmen von einem Objekt. Einmal in Farbe und einmal wandelst du das File noch in der Kamera in die schwarzweisse Anzeige um.
Du wirst die Unterschiede unmittelbar erfassen können und auch die Faszination, die von monochromen Bildern ausgeht. Es ist eben ein richtiges fotografisches Verfahren. Wie schon erwähnt, ist der Aufmerksamkeitsfaktor ein wichtiges Indiz.
Beim Publikum wird vor allem monochromen Porträts Authentizität zugesprochen. Obwohl unbuntes Sehen ja nicht den menschlichen Sehgewohnheiten entspricht. Die der Farbe entsättigten RGB-Files aus der digitalen Spiegelreflex sind, ganz traditionell, Mittel der Kommunikation. Wo Kontraste, Verteilung von Licht und Schatten, Gewichtung der Bildinhalte, Linienführung und Texturen, die wichtigste Rolle spielen.
Damit ist schon angedeutet, dass die Fotografien in der

Kamera als Farbfiles erstellt werden. Je nach Model, lassen sich schon am Kameramonitor mehr oder weniger ausgeklügelte Schwarzweissanzeigen der Dateien einstellen. Dies hilft Dir beim sogenannten monochromen Sehen sehr. Es ist einfach viel leichter, Bilder zu gestalten, wenn man sofort konkrete Ergebnisse am Monitor begutachten kann.
Dieser Text folgt dem normalen Arbeitsfluss, das heisst, zuerst wird die Planung der Bilder, danach die Aufnahme mit der Spiegelreflex und Nachbearbeitung im Computer besprochen. Speicherung und Ausgabe runden den Arbeitsprozess ab.

Moderne Vergangenheit

Die Zusammenhänge zwischen der Dunkelkammerarbeit von einst und der Nachbearbeitung am Computer sind offensichtlich. Es veränderten sich nur die Werkzeuge und Materialien. Manche sprechen daher auch von der Weisskammer, welche die Arbeit im traditionell schummrigen Rotlicht ersetzt hat.
Die Schwarzweissfotografie lebt von Linien und Kontrasten, Flächen, Formen und der subtilen Darstellung von Grautönen von Schwarz bis Weiss.
Das ist der Grund, weshalb auch in der digitalen Fotografie Schwarzweiss nicht einfach zu haben ist. Um den Lernprozess wirst du nicht herumkommen. Es ist aber sehr viel einfacher geworden, weil man heute keine Filme mehr entwickeln und Vergrösserungen erstellen muss, um zu erkennen, ob die Bildidee technisch richtig umgesetzt wurde.
Heute genügt ein Blick auf den Kameramonitor und schon präsentiert sich der Bildinhalt. Mit einem zweiten Blick überprüfen wir die Tonwertverteilung im

Histogramm. Ein dritter Blick kontrolliert, ob die
Bildschärfe am richtigen Ort sitzt und die Schärfentiefe
wie gewünscht, mehr oder weniger ausgedehnt, ist.
Mit etwas Uebung erkennt man die wichtigsten
Parameter auch am relativ kleinen Kameramonitor.
Diese Unmittelbarkeit ist der grosse Trumpf gegenüber
einst. Die digitale Spiegelreflex ist ein hervorragender
Lehrer und ersetzt in gewissem Sinne den Papierkorb
früherer Tage. Dieser galt (und gilt) als wichtiges Element
im Lernprozess.
Der Fotograf war gezwungen, sich, zwischen erhalten
und entsorgen, zu entscheiden.
Du siehst, der digitale Schwarzweissfotograf, bedient
sich heute moderner Technik. Das Risiko, von einem
Shooting ohne brauchbare Ergebnisse
zurückzukommen, ist geringer geworden. Sorgfältiges
Arbeiten ist trotzdem empfehlenswert. Zum Einen
verbessert es deine Sensibilität für die
Objektdarstellung in Graustufen und zum Andern benötigt
man weniger Zeit bei der Nachbearbeitung der
generierten Files.
Die Grundsätze der Bildsprache dieses Mediums, sind
also nicht ausser Kraft gesetzt. Es bestehen direkte
Verbindungen zwischen der digitalen Zeit und der
traditionellen Fotografie. Diese Brücke zu schlagen, ist
eine der Aufgaben dieses Leitfadens und gilt
selbstverständlich auch für die monochromen Fotos.

Wandlung im Computer

Wie im vorhergehenden Kapitel beschrieben, entstehen alle Fotos in der Kamera im RGB-Modus. Vorzugsweise im nativen Raw-Format. Monochrome Bilder werden folgerichtig erst im Computer in solche gewandelt. Hier sind wieder sehr unterschiedliche Wege möglich.
Auch an angebotener Software mangelt es nicht.
Für den anspruchsvollen Bildermacher haben sich aber einige Programme herauskristallisiert, die sich besonders gut eignen. Zu diesen gehören bestimmt die schon erwähnten Photoshopversionen und CameraRaw, beide sind miteinander verbunden. Ausdrücklich sei hier auch auf die Kaufversionen von Affinity Foto, Macphun und Luminar hingewiesen.
Mit welcher Software du arbeiten magst, bleibt dir überlassen. Hier finde jeder seinen persönlichen Arbeitsstil. Ich arbeite seit 1993 mit Photoshop und deshalb zeige ich diese Vorgehensweise, hier anhand der Version CC2019. In diesem mächtigen Programm gibt es verschiedene Möglichkeiten. Vom einfachen und besser zu vermeidenden Entsättigen in der Einstellungsebene "Farbton/Sättigung", oder über den "Kanalmixer", bis zur Einstellungsebene "Schwarz-weiss", mit all ihren Möglichkeiten.
Viele Einstellungen sind aus der klassischen Schwarz-Weiss-Fotografie bekannt. So diente das Gelbfilter schon früher der Intensivierung von Himmelblau. Die Umsetzung der Farben in Grautöne erfolgte nie linear. Der gekonnte und ebenso notwändige Einsatz von Farbfiltern und das digitale Pendant, Farbauszüge, wird im nächsten Abschnitt kurz beschrieben.

Digitale Filter

Farbfilter spielten seit jeher eine grosse Rolle in der monochromen Fotografie. Damit liessen sich Farbtöne gezielt unterschiedlich darstellen, die ansonsten in einheitlichem Grau dargestellt worden wären. Um dir dies einmal vor Augen zu führen, schaue dir einmal die Farbkanäle eines RGB-Bildes an. Die Kanäle werden in Graustufen angezeigt und man erkennt auf den ersten Blick die unterschiedliche Darstellung der drei Farbauszüge des RGB-Modus.(Rot, Grün, Blau)
Bei Landschaftsaufnahmen fällt die beinahe weisse Wiedergabe des Himmelsblau auf. Wenig geeignet um die ebenso hellen Wolken deutlich abzuheben.
Die Darstellung im Rotkanal ist da viel knackiger. Eine Landschaft wiederum, könnte mit Grünfilter am besten gefallen. Von Fall zu Fall, ist der am besten geeignete Auszug zu wählen. Da man auch nummerisch in die Vorgaben der Einstellungsebene Schwarzweiss eingreifen kann, sind unzählige und sehr subtile Varianten denkbar. Ebenso mehrere, unterschiedliche Varianten auf jeweils einer Ebene, mit entsprechenden Masken. Reduziert man am Ende des Prozesses alle Ebenen auf den Hintergrund, bietet sich dem Auge ein sehr lebendiges, tonwertreiches Bild, das nur noch weniger Einstellungen bedarf, um es ausbelichten zu lassen, oder gar selbst gedruckt werden zu können.
Neben der sachlichen Korrektur ist dabei auch immer die Stimmung, bzw. Wirkung, zu berücksichtigen, die du als Fotograf bildlich vermitteln willst.
Das erstellen von feinen Prints ist, von der Aufnahme bis zur Ausgabe, als Einheit anzusehen und es hilft enorm, wenn man sich im Klaren ist, wie das Endprodukt auszusehen hat. Ein Konzept zu haben und zu verfolgen

ist also weniger künstlerischer Schnickschnack, als praktische Hilfe im Fotoalltag.
Bisher war nur von einer Einstellungsebene die Rede. Betrachte diese als Ausgangspunkt, für die noch nötigen lokalen Anpassungen im Bild. Je nach beabsichtigter Wirkung werden jetzt präzise Eingriffe im Foto vorgenommen, um zum Beispiel das Hauptmotiv zu betonen, oder weniger wichtige Bildelemente in den Hintergrund treten zu lassen.
Ein ganzer Abschnitt befasst sich mit diesen Techniken sehr eingehend. Sie sind angelehnt an die klassische Schwarzweissfotografie und dürften allen, die schon mal in der Dunkelkammer standen, aus vergangenen Tagen sehr vertraut sein.
In der Fotografie von Menschen, bemühte man sich schon früher um die korrekte Tonwertwiedergabe der Hauttöne. Hierfür verwandte der analog Fotografierende jeweils Rotfilter. Das ist auch digital so. Willst du aber einem an sich hellrosa Teint, eine Sonnenbräune verpassen, kannst du aber auch mal den Grünfilter einsetzen, eventuell auf einer Einstellebene mit entsprechender Maskierung.
Digitale Files werden oft als zu glatt empfunden. Die Jahrzehnte dauernde Gewöhnung an, mehr oder weniger stark, sichtbares Filmkorn, ist noch sehr stark in den Köpfen der Menschen.
Insofern sind die Fotografen und ihre Kunden eine komische Spezies. Die Emulsionsfabrikanten kamen mit immer feinerem Korn, propagierten grössere Formate als Kleinbild, um u.a. genau diese Phänomene zu bekämpfen. Schon erfinden die digitalen Programmierer künstliches Filmkorn, um es den allzu glatten Files beizumischen. Vielleicht hat das Interesse an diesen Filtern aber auch damit zu tun, dass das menschliche

Auge das Korn eben auch als Erhöhung der Bildschärfe wahrnimmt. Auch den „Rauschen hinzufügen" Filter legt man nur da über das Bild, wo mehr Struktur auch erwünscht ist. Den Himmel oder andere, als glatt bekannte, Oberflächen, maskiert man zum Beispiel aus. Selbstverständlich existieren noch viele andere Filter, wie z.B. Infrarotumwandlungen. Es lohnt sich aber, sich zuerst gründlich in die zur Erstellung von feinen Schwarzweissfotografien nötigen Arbeitsschritte einzuarbeiten, ehe man sich auf optische Spielereien einlässt. Das kannst du immer noch tun, wenn du dich mit den Programmen und Filtern auskennst.

Gestaltung monochromer Landschaften

Dieser Ausflug in ein anderes Genre, sei mir deshalb erlaubt, weil vieles, was für Landschaften gilt, man durchaus für Körper und Porträts verwenden kann. Ausser bei der Schärfeverteilung, sind die Unterschiede gar nicht so erheblich.
Landschaftsfotografie in Schwarzweiss gehört weniger materialmässig, als sozial, zu den schwierigen Gebieten der Lichtbildnerei. Wenn man sich darauf einlassen will, sollte man sich bewusst sein, dass man sehr viel allein unterwegs sein wird.
Du benötigst sehr viel Geduld und Ausdauer, um ein Bild so umzusetzen, wie es in Deiner Vorstellung schon besteht. Du wirst aber für das Engagement reichlich belohnt werden. Schwarzweissbilder sind in der modernen, digitalen Bilderflut etwas wirklich Besonderes und heben sich daher sofort von der Masse der Fotografien ab.

Organisation der Landschaft

Noch mehr als farbige, leben monochrome Landschaften
von der Organisation der Linien, Flächen und Gewichte
innerhalb des Bildes. Fotografien sind meist frei gewählte
Ausschnitte aus der Landschaft, in der man sich bewegt.
Deshalb spielt das Format des Fotos schon bei der
Aufnahme eine bestimmende Rolle. Mache Dir hier
schon Gedanken, ob Dein Werk ruhig, also im Quadrat
oder im liegenden Rechteck, oder zum Beispiel
dynamisch, also senkrecht stehend, gezeigt werden soll.
Der Inhalt folgt dann in logischer Konsequenz dem
Rahmen und unterstützt die gewünschte Aussage durch
Gewichtung und Leserichtung der Bildelemente.
In der westlichen Welt wird ein nach rechts gerichteter
Verlauf als vorwärtsstrebend verstanden.
Umgekehrt erkennt der Betrachter eine Bewegung von
rechts nach links als gebremst und rückwärtsgerichtet.
Genauso verhält es sich mit oben und unten, abfallend
oder aufsteigend. Diese Tatsachen kennt man schon aus
der Farbfotografie und sie wurden hier nur nochmals zur
Erinnerung erwähnt, weil sie dem Auge, durch den
Wegfall der Farbe, mehr auffallen.

Objektlage und Verteilung

Die Position und Verteilung der Objekte innerhalb des
monochromen Bildes muss gut durchdacht werden.
Die bildmittige Lage signalisiert dem Betrachter Ruhe
und Ausgeglichenheit. Dies kann sich aber schnell als
langweilig herausstellen und deshalb rückt der
gestaltende Künstler sein wichtigstes Bildelement meist
aus der Mitte heraus. Dysharmonien verhinderst du
durch die Anwendung lange bestehender Regeln der

Bildgestaltung, wie zum Beispiel, dem goldenen Schnitt. Unterschiedliche Grössen und Helligkeiten lassen sich durch richtiges Platzieren im Bild harmonisieren.
Tipp:
Stelle Dir eine Waage vor, mit einem grossen, also schweren Gewicht, das relativ nahe an der zentralen Achse steht. Daneben ein kleiner, leichter Gegenstand, der ebenso ziemlich mittig angeordnet ist. Durch diese Lage wird sich die Waage einseitig zum schweren Gegenstand hin neigen. Rückst du nun den leichteren, geringeren der beiden, aus der Mitte und vom grösseren Bildelement weg, heraus, wird sich die Balance in Richtung kleinerem Objekt verschieben, bis das (labile) Gleichgewicht gefunden ist.

Monochrome Tonlagen

Genauso wie die Objektgrösse die Bildharmonie bestimmt, wirkt die Helligkeit der einzelnen Elemente, auf den Gesamteindruck der Fotografie. Ein kleines, aber lichtes Bildteil, richtig platziert, gewinnt bei der Gewichtung der Einzelteile im Bild so an Bedeutung, dass es den grösseren, aber eben dunkleren Bildgegenstand, ausbalanciert. Ein dermassen gestaltetes Foto wirkt auf den Betrachter trotzdem harmonisch und ist angenehm anzusehen.

Stimmmungen in Schwarzweiss

Bei Farbfotos wird zwischen kalten, z.B. blauen und warmen, also roten Farbtönen unterschieden. Diese Funktion der Farbe wird in der Schwarzweissfotografie von den Graustufen übernommen. Je heller der Grauton, umso mehr drängt

er im Bild nach vorne und, wie schon gesehen, umso
auffälliger und grösser wirkt er.
Die dunkleren Tonwerte verschieben sich eher nach
hinten und um das Gleichgewicht im Bildausschnitt zu
wahren, sollte er etwas grösser, als der helle, gehalten
werden. Beachte unbedingt eventuell vorhandene, helle
Lichtflecken im Hintergrund, die ein sonst gelungenes
Foto zu einem missratenen werden lassen.
Ein klassischer Fall dieser Art sind zum Beispiel helle
Himmelsflecken, welche hinter oder durch Gegenstände,
wie Bäume und Äste hindurch blitzen.
Tipp:
Bildstimmungen kannst Du sehr gut durch Veränderung
der allgemeinen Tonlage beeinflussen. Hell wirkt dabei
leicht und luftig,während dunkel eher erdverbunden und
schwer daherkommt. Bist Du Dir über die gewollte
Wirkung noch etwas unsicher, entwickelst du das Raw-
File einmal dunkel und einmal hell. Stelle dann beide
Fotos nebeneinander auf dem Monitor dar und vergleiche
die Wirkung beider. Du wirst unmittelbar merken, welche
der Varianten der erinnerten Stimmung besser entspricht.
Gleichzeitig erfährst du, wie gross der Tonwertumfang ist
und wo gegebenenfalls lokal nachbelichtet oder
aufgehellt werden muss.

Verteilung und Lage der Bildschärfe

Die Bildschärfe stellt ein wichtiges Gestaltungsmittel dar.
Sie kann sich in eher dokumentarischen
Landschaftsbildern über das ganze Bild erstrecken.
Genau so gut passt aber auch eine selektiv angewandte
Schärfe, wenn dadurch ein Bildelement betont werden
soll. Da die wirkliche Lage der fotografischen Schärfe
nur in einer Bildebene sein kann, muss der Lichtbildner

hier zum Mittel der, bewusst gewählten, Schärfentiefe und deren Ausdehnung greifen.
Wie Du als Farbfotograf schon weisst, wird diese umso grösser, je kleiner die Blendenöffnung am Objektiv ist. Das Schliessen der Blende muss aber mit Bedacht gemacht werden, da bei zu kleinen Öffnungen wieder Abbildungsfehler durch Beugung auftreten, die den Schärfeeindruck negativ beeinflussen.
Tipp:
Die meisten Objektive bieten um 2 bis 3 Stufen abgeblendet die beste Leistung. D.h Die mittleren Blenden sind meist die richtige Wahl. Diese reichen aber nicht immer, deshalb werden hier eben Blenden um 11 bis 16 nötig sein, um die Ausdehnung der Schärfe zu vergrössern. Die richtige Wahl des Schärfepunktes ist hier von grösserer Bedeutung.
Stelle diesen Punkt nicht in die Mitte des gedachten Schärfentiefebereichs, Du verkleinerst dadurch nur unnötigerweise deren grösstmögliche Ausdehnung, die Du ja unbedingt haben willst.
Eine leicht zu merkende Faustregel besagt: Stelle die Schärfe auf das vordere Drittel der gedachten Ausdehnung. Damit erreichst du dann die maximale Schärfentiefe. Die ist nichts anderes, als die bewusste Anwendung der Toleranz des menschlichen Sehapparates und dem Zusammenspiel Auge-Gehirn.

Die Planung denkwürdiger Bilder

Die Organisation erfolgreicher Shootings und fotografischer Streifzüge kann durch sorgfältiges Zusammentragen von Informationen stark vereinfacht werden. Das Internet bietet mannigfaltige Möglichkeiten sich über die Anfahrt, Himmelsrichtung und

Begebenheiten vor Ort ein ungefähres Bild zu machen.
Je präziser ihre Bildvorstellung oder -Idee ist, umso
leichter lässt es sich planen.
Doch wie findest du gute Bildideen? Hier kann man nur
sagen, überall. Von der Tagesaktualität über Literatur,
Musik, Geschichte bis hin zu Filmstoffen ist beinahe alles
geeignet, in sehenswerte Schwarzweissfotografien
umgesetzt zu werden. Schreibe deine Ideen auf, nimm
das Geschriebene in Kurzform als Spickzettel zum
Shooting mit.
Tipp:
Schreib Dir mal ein paar Begriffe auf, wie zum Beispiel
heiss, kalt, flüssig, zäh, oben und unten oder langsam
und schnell und versuche, diese Adjektive in Bildern
darzustellen. Vorgabe sollte sein, dass die Fotos danach
keinen beschreibenden Text erfordern, sondern für sich
alleine sprechen. Du wirst schnell feststellen, dass diese
Fingerübung weniger banal ist, als man sich vorerst
denken kann.
Wenn Du eine Bildgeschichte gefunden hast, erstelle dir
eine Liste von den Dingen, die du unbedingt benötigst.
Mache dir Gedanken über die geografische Ausrichtung,
geeignete Tageszeit, Anfahrt, Zugang zurLocation,
eventuelle Einschränkungen, Wetter, etc.
Welche Objektive werde benötigt; ist zusätzliches Licht
wichtig? Brauche ich ein Stativ. Nimm frisch geladene
Akkus mit. Genügend Speicherplatz sollte
selbstverständlich sein.
Wie bewegt man die Ausrüstung sicher vor Ort.
Schon Omas Einkaufswägelchen kann eine gute Hilfe
sein und dich so entlasten, dass die gedankliche Frische
vor Ort länger anhält.
Bei der Planung solltest du auch an die spätere
Umsetzung und Nachbearbeitung im Computer denken.

Auch die Ausgabe der entstandenen Bilder gehört in den Workflow. Wie und wo, sollen die Aufnahmen präsentiert werden. Zeigen sie eher freie Interpretationen einer Wirklichkeit, oder sollen es Dokumente werden.
Welches Papier eignet sich als Bildträger.
Wie gross werden die fertiggestellten Werke sein, welche Passepartout und Rahmen hälst du für geeignet.
Ist eine Serie geplant, oder benötigst du für Einzelbilder ein erkennbares Leitmotiv in deiner Ausstellung.
Je nach dem, können einzelne Fotografien auch weniger spektakulär ausfallen, wenn sie dazu dienen, dem Betrachter, die inhaltliche Botschaft klarer zu machen. Oder etwa Brücken zwischen einzelnen bildmässigen Höhepunkten zu schaffen.
Vielleicht ziehst du bei der Planung jemanden hinzu. Der zusätzliche Einfluss einer dritten Person, kann sich sehr positiv auswirken. Meist ist man selbst zu stark mit der Entstehungsgeschichte der Bilder verbunden, um nicht betriebsblind zu werden.
Auch Zeit verstreichen zu lassen, zwischen der Entstehung und der Präsentation der Fotos, ist ein wirksames Mittel, Aussagen zu verdichten und selbst einen besseren Überblick zu gewinnen.

Akt und Erotik monochrom

Dieses Buch ist auf die Menschenfotografie ausgerichtet. Dazu gehören selbstverständlich auch die Darstellung von Erotik oder klassische Aktaufnahmen. Die Letztere wird oft als anspruchsvollstes Genre der Lichtbildnerei bezeichnet. Sicher sind andere Motive technisch genauso schwierig umzusetzen. Aber nirgends ist die Kommunikation zwischen dem Menschen hinter der Kamera und der Person vor der Spiegelreflex so unmittelbar, wie in diesem Bereich. Auch die gezeigten Reaktionen des Publikums sind oft sehr kontrovers und deshalb kann sich nur beste Qualität und Stilsicherheit auf die Dauer durchsetzen.

Die Tatsache, dass bei der Schwarzweissfotografie die Farben fehlen, nimmt dem Aspekt Fleischbeschau einiges an Schärfe weg. Dies ist ein nicht geringer Vorteil ! Umso wichtiger sind bei monochchromen Bildern die Bildgestaltung und die lebendige Darstellung vorteilhafter Hauttöne.

Tipp:

In Mitteleuropa gelten braungebrannte, sportliche Figuren als besonders erfolgreich. Ein leicht dunklerer Hautton wird deshalb als positiv empfunden. Denke daran, wenn du bei der Nachbearbeitung eines RGBFiles dieses in Schwarzweiss verwandeln. Der Grünkanal ist deshalb gegenüber dem Rotkanal stärker zu betonen. Das Einölen der Haut mit Baby- oder Kokosöl verstärkt den lokalen Kontrast und steigert die Wirkung der Hauttöne im Bild. Warte aber mit dem Beginn der Aufnahmen, bis das Hilfmittel etwas in die Haut eingezogen ist und sich nur noch ein leichtes Schimmern auf der Hautoberfläche zeigt. Direktes Sonnenlicht auf der Hautoberfläche ist, wann immer möglich, zu vermeiden !

Du hast sonst mit hellen Flecken auf dem fotografierten Körper zu kämpfen oder, falls die Hauttöne aufnahmegerecht dargestellt werden sollen, abgesoffene Bildteile in Kauf zu nehmen.

Dies mindert die Wirkung meist aber sehr stark und darum ist es besser, gleich bei der Aufnahme die Bildkontraste im chipverträglichen Ausmass von ca. 9-12 Blendenstufen zu halten. Das ist eh schon viel mehr als der herkömmliche Film je aufwies.

Die unbunte Bildgestaltung lebt von den Linien, Formen, Flächen, Grössenunterschieden und selbstverständlich auch von, der bewusst als Gestaltungsmittel eingesetzten, Schärfentiefe.

Sehr wichtig und unbedingt zu beachten, sind auch die korrekten Darstellungen der verschiedenen, im Bild vorkommenden, Materialien. Ich denke da an grobe Felsen, an Wasser, Pflanzen oder von Menschenhand geschaffene Objekte, wie Mauern, Metallkonstruktionen oder auch Glas. Achte auf gute Durchzeichnung aller bildwichtigen Teile. Nur so bewahrst du die richtige Darstellung und Materialität im zweidimensionalen Raum einer Fotografie.

Die offen gezeigte Akzeptanz erotischer Bilder ist beim durchschnittlichen Bildkonsumenten immer noch ziemlich gering. Wahrscheinlich hat es damit zu tun, dass die heutige Gesellschaft von erotisch genannten Bildern geradezu überflutet wird. Meist handelt es sich bei diesen Erzeugnissen um effekthaschende, plumpe Fotos, die leider den guten Geschmack vermissen lassen.

Diese Schiene brauchst du nicht zu bedienen; versuche besser, dich aus dieser Masse hervorzuheben.

Erotik hat mehr mit Andeutungen, als mit direktem Zeigen zu tun. Frage dich einmal, welche Bilder du als reizvoll betrachtest und nimm diese als deine Vorbilder.

Als Mann hinter der Kamera, solltest du bestrebt sein, die Bildbetrachterinnen mit deinen Kreationen anzusprechen. Sie werden meist weniger von ein paar hübschen Kurven abgelenkt, als die Männer.

Frauen suchen eher die in einem Bild, oder einer Serie, steckende Geschichte! Dies solltest Du immer vor Augen halten und entsprechend handeln.

Erotische Bildgeschichten welche die Konsumentin erreichen, gefallen fast durchwegs auch den Männern !

Tipp:
Bespreche mit dem Model offen vorliegende Bildideen,
entwickle sie, mit ihm zusammen, zur Geschichte, die
einen erotischen Reiz auf den Betrachter ausüben kann.
Bespreche die benötigten Dessous, Accessoirs und das
Styling möglichst vor dem eigentlichen Shootingtermin.
Wenn du noch wenig Erfahrung in diesem Genre besitzt,
hilft wahrscheinlich ein Storybord weiter. Tolle Bilder aus
Modezeitschriften können als Referenz dienen. Erinnere
dich immer daran, dass du dem Model sagen musst,
welche Situation, Handlung und Stimmung es bildlich
darzustellen hat.
Am besten helfen hier Beispiele, als kleine Anekdoten
verpackt, weiter. Mimik, Gesten und Posen müssen
zusammenpassen. Falls dies nicht der Fall ist, entlarvt
das der spätere Bildbetrachter sofort, auch wenn ihm
diese Tatsache gar nicht bewusst zu sein braucht.

Nachbearbeitung in Schwarz-Weiss

Weil sich die Shootings für monochrome Fotos nicht
wirklich von denen in Farbe unterscheiden, gehe ich
direkt zur Nachbearbeitung über. Diese können zum
einen nach der Bearbeitung in Farbe erfolgen, oder direkt
als Schwarzweissfoto geöffnet werden.
Ich arbeite eher mit der zuerst genannten Methode.
Unbunt ist dann eigentlich nur eine zusätzliche Option.
Vorteil, ich kenne die sauber retuschierte Datei schon
und kann so noch schneller zum gewünschten und
prävisionierten Ergebnis kommen.
Für die Wandlung eine RGB-Files benutze ich in erster
Linie Photoshop, manchmal auch andere Software, wie
Silver Efex pro oder Tonality CK.
Die Tatsache, dass man bei letzteren gleich aus vielen

Filmvarianten wählen kann, ist sehr hilfreich.
Hier gleich ein Tipp; die Auswahl an Möglichkeiten ist
sehr gross. Deshalb tut man gut daran, sich zu Beginn
auf einige wenige Varianten zu beschränken und erst mit
der Zeit andere Filmsorten auszuloten. Meist fotografierte
auch der analoge Fotograf nicht mit drei dutzend
unterschiedlichen Filmen, sondern schoss sich auf zwei
bis drei Filmarten ein. Je nach Aufgabe, nahm er dann
unterschiedliche Emulsionen mit.
In der digitalen Welt geht das viel einfacher. Falls etwas
Licht fehlt, erhöht man einfach die Empfindlichkeit (ISO).
Das geht natürlich nur in gewissem Rahmen.
Trotzdem gestaltet sich das heute leichter und die
sofortige Bildkontrolle ist auch ein Vorteil, wie ich schon
beim Thema Farbfotografie ausführte.
Zurück zur Nachbearbeitung.
Nachdem ich die allgemeinen und lokalen Korrekturen
getätigt habe, verfeinere ich da Bild noch mit Anpassung
des Filmkorns und der allgemeinen Schärfe. Danach
öffne ich das Bild wieder in Photoshop und brauche jetzt
meist nur noch die lokale Schärfe hinzuzufügen. Weil ich
beim Ausdrucken der SW-Dateien feststellen musste,
dass diese selten ohne Farbstich herauskamen, füge ich
eine weitere Ebene mit der gewünschten Farbe hinzu
(meist einen leichten Braun-rottton, da ich warmtonige
Fotos mag) Nach Anpassung der Ebenentransparenz
(10-15%) ist das Foto druckbereit, sofern, zuvor schon,
die richtige Grösse gewählt worden war. Nach der
Reduzierung auf die Hintergrundebene, speichere ich
das Bild mit dem Datum und Filenamen.
Die Papierwahl ist für einen guten Eindruck auch wichtig.
Hier bevorzuge ich digitales Barytpapier mit einer
seidenmatten Oberfläche. Nicht ganz billig und deshalb
mache ich immer kleine Probedrucke, ehe ich mich an

grosse Formate wage. (Das ist Vergangenheit, weil ich nur mehr ausbelichten lasse. Ich schreibe das hier trotzdem auf, weil es Tipps sein sollen).
In diesem Zusammenhang sollte man auch auf einen standartisierten Ablauf achten. Die Resultate werden besser planbar und vorhersehbar und man produziert weniger Ausschuss.
Sehr viele Tipps findet man auch in der spezialsierten Zeitschrift: FineArtPrinter. Es gibt sie auch als Webseite mit dem Zusatz .de.
Mit dem Drucken ist die Arbeit zu einem guten Teil erledigt. Um aber die Prints nicht in einer Schuhschachtel aufbewahren zu müssen, muss noch etwas dazugetan werden. Ich rede von adäquater Präsentation mit einem Passpartout und angepasstem Weissraum um das eigentliche Foto.
Weshalb der Weissraum? Zum einen, weil dadurch die Bildkontraste besser zur Geltung kommen. Gute Fotos sollten aber auch „atmen" können. Das hat weniger mit Technik zu tun, ist einfach der menschlichen Wahrnehmung geschuldet. Die Konzentration auf das Foto wird verstärkt.
Welche Farbe soll der Passpartout haben? Dazu schaut man sich am besten nach dem Ort der Aufhängung um. Meistens passt bei Monochrom weiss am besten. Das muss aber nicht überall richtig sein. Der persönliche Geschmack ist auch wichtig. Man sollte aber bei einer Farbe bleiben. Der Passpartout kann so als „Fil rouge" dienen, wenn man mal mehrere Fotos als Ausstellung zeigen will.
Heutzutage verschwinden viele Bilder im digitalen Nirwana. Dem wirke ich mit Jahrbüchern entgegen. Manchmal erstelle ich auch aus den monochromen Files Bücher. Die erhalten immer besonders viel

Aufmerksamkeit. Es fühlt sich einfach besser an, wenn Fotos auch in die Hand genommen werden können und nicht nur auf dem, mehr oder weniger grossen Monitor erscheinen. Auf den einzelnen Buchseiten platziere ich oft nur ein Bild. Der Grund ist der selbe, wie eben beschrieben. Die Aufnahme soll „atmen" können und der Betrachter nicht durch mehrere Bildeindrücke in der Konzentration gestört werden. Dieses Konzept hat sich bei vielen Fotografen durchgesetzt und auch professionelle Layoutgestalter raten zu dieser Lösung. Wie immer, ist aber jeder Künstler frei und fest verankerte Regeln oder gar Gesetze gibt es meines Wissens nicht. Der Zeitfaktor ist auch hier ein gutes Mittel, um bei vielleicht vorhandenen Unsicherheiten, Klarheit zu schaffen. Betrachte deine Buchseiten an verschiedenen Tagen. So findest du bald heraus, was funktioniert und was noch verbessert werden kann.

Zusammenfassung und Schlussbetrachtung

Hier also eine Zusammenfassung meiner wichtigsten Leitmotive bei der Fotografie von Menschen.

- Gib dem Model eine Geschichte, damit Mimik und Gestik diese im Gesicht und Körper widerspiegeln.
- Lasse das Model Dinge ausführen, die es täglich im Alltag ausführt. Lasse das Model gedacht Körperlotion langsam und mit leichter Hand auftragen.
- Achte auf die Richtung der Zehenspitzen, ein Fuss immer in Richtung Kamera drehen lassen. Sofern das Model mit dem Gesicht und Oberkörper zur Kamera gewendet da steht)

- Bei Shootings zuerst den Hintergrund beachten, dann
    platziere das Model entsprechend der
    gewünschten Bildwirkung und des Lichteinfalls !
- Wähle deinen Standpunkt bewusst aus.
- Überlege dir, was das Model an diesem Ort tun würde,
    wenn kein Fotograf Bilder machen möchte.
- Reduziere die Schärfentiefe auf das gerade
    notwändige Mass. (Offene Blende, maximale
    Abblendung um zwei bis drei Stufen)
- Halte den Hintergrund einfach und dunkler als das
    Hauptmotiv.
- Vermeide zu viele Bildelemente.
- Immer Bildschwerpunkte in ungerader Zahl wählen.
- Arbeite möglichst mit Bilddiagonalen.
- Beachte bei der Bildkomposition die Leserichtung.
- Fotografie ist eine Sprache. Drücke dich leicht
    verständlich aus.
- Ein Fotograf darf alles (fotografieren). Er muss nur
    einen guten Grund dafür angeben können.
- Durch herausrücken aus der Bildmitte schaffst du
    Spannung im Bild.
- Beschaffe dir soviel Informationen wie möglich über
    das Model, die Location und Lichtverhältnisse vor
    Ort.
- Nimm genügend Zwischenverpflegung und Getränke,
    Wasser, Handtücher und   Sonnenschutzcreme bei
    Outdoor Shootings mit.
- Shoote bei niedrigem Sonnenstand oder gehe in den
    offenen Schatten.
- Achte auf unerwünschte Farbstiche im offenen
    Schatten. (Grünstich auf der Haut beim Shooting
    unter Bäumen).
- Vermeide direktes, ungefiltertes Sonnenlicht auf dem
    Model.

- Vermeide harte Schattenkanten, ausser die Bildidee verlangt das gerade.
- Weiche Schattenverläufe verleihen dem abgebildeten Körper Tiefe und Dreidimensionalität.
- Belichte auf die Lichter, die Schatten kannst du in der Nachbearbeitung immer noch aus der Datei herauskitzeln.
- Aufhelllicht immer aus der Nähe der Kameraachse setzen. Aufhellicht soll nicht als eigene Lichtquelle erkennbar im Bild erscheinen.
- Vermeide zu hohe Kontraste.
- Verwende immer das Raw-Formal und 16 Bit Bildtiefe, wenn du das Maximum aus deinen Dateien herausholen willst.
- Nimm genügend Speicherkarten mit.
- Nimm immer einen vollgeladenen zusätzlichen Akku mit.
- Beschränke dich bei der Objektivwahl auf das Nötige.
- Stelle die momentanen Einstellungen nach dem Shooting wieder auf die Basics zurück.
- Fotografie das Model immer aus der Bewegung heraus, lasse es beim Shooting etwas tun, damit die Aufnahmen natürlicher wirken.
- Bleib bei missglückten Bildern cool und lass dir nichts anmerken. Das Model könnte deinen verbalen Ausbruch auf sich beziehen.
- Bei schwierigen Aufgaben zähle 3-2-1 herunter, damit das Model sich nur kurz in der unbequemen Haltung befindet.
- Wenn der Schuss im Kasten ist, gib das sofort dem Model mit dem Kommando relax bekannt.
- Der Kontrollblick auf den Monitor ist wichtig und sollte regelmässig zwischen den einzelnen Aufnahmen erfolgen.

- Die Manipulationen in Photoshop sollten nicht als
   solche erkannt werden, ausser man sucht
   spezielle Effekte.
- Vignetten sollten spürbar, aber nicht sichtbar sein.
- Beim Beurteilen von Fotografien ist der
Betrachtungsabstand zu beachten.
- Bilder nicht überschärfen.
- Ränder von Masken immer weichzeichnen.
(Gauss'scher WZ)
- Unnötige Bildteile unsichtbar entfernen.
- Bei Körpermakel Model fragen, ob deren Entfernung ok
   ist.
- Temporäre Makel, wie zb. Pickel oder Kratzer und
   Rötungen immer entfernen.
- Saubere Retusche, immer in 100% Ansicht beurteilen.
- Retuschen auch bei Vollbildanzeige beurteilen.
- Bildkorrekturen nehme ich immer nach Ansicht vor. Der
   Monitor muss dafür natürlich regelmässig kalibriert
   werden.
- Nicht destruktives Arbeiten in PS immer auf
   Einstellungsebenen.
- Retuschen nur auf Kopien der Hintergrundebene.
- Übung macht den Meister.
- Fehler sind kein Ärgernis, sondern helfen mit, sich zu
   verbessern.
- Austausch mit anderen Fotografen ist immer
   erwünscht.
- Bildideen kopieren zu Übungszwecken ist ok, aber die
   Fotos dann nicht als eigene Kreation publizieren !
- Je mehr man mit Photoshop (gilt für jede Foto-
   Software) arbeitet, umso einfacher kommt man
   zum Ziel. Der Workflow wird automatisch
   schlanker und die Nachbearbeitung nimmt pro
   Datei weniger Zeit weg.

- Retusche wird einfacher, wenn man vor Beginn der Arbeit ungefähr weiss, wie das Resultat aussehen soll. Das ist eine Sache der Erfahrung. Immer wieder üben hilft.
- Regeln sind keine eherne Gesetze. Sie dienen lediglich zur Orientierung und dürfen gerne im Sinne des Fotografen angewendet oder weggelassen werden.
- Der persönliche Stil entwickelt sich mit der Zeit.
- Effekthascherei ist kein persönlicher Stil.
- Geduld ist eine herausragende Eigenschaft erfolgreicher Fotografen.

Schlusswort

Lieber Leser und Fotograf. Es freut mich, dass du dieses Buch zu Ende gelesen hast und wünsche mir, dass du hoffentlich viele gute Erkenntnisse erwerben konntest. Bitte versuche nicht, alles Gelesene sofort in ein Shooting zu packen. Überlege dir einen Aufbau für deine künftigen Fotosession und sammle damit Erfahrungen. Ich wünsche dir dabei viel Erfolg und ganz viel Spass beim ausprobieren. Immer auch positive Feedbacks von den Modellen.
Ich bedanke mich bei allen, die zu diesem Buch beigetragen haben. Den Testlesern und auch den Kollegen und Modellen, die mich durch ihre Art und Arbeitsweise inspiriert haben. Habt eine gute Zeit, mit oder ohne, vor oder hinter der Kamera :-)

Caslano, im April 2019

Walo Thönen

Walo Thönen   Leitfaden für die Fotografie von Menschen

Kontakt: walofoto@gmail.com

www.ingramcontent.com/pod-product-compliance
Lightning Source LLC
Chambersburg PA
CBHW021829170526

45157CB00007B/2737